Regionale Wirtschaftspolitik auf dem Wege zur europäischen Integration

Deutsche Bibliothek - CIP-Einheitsaufnahme

Regionale Wirtschaftspolitik auf dem Wege zur europäischen Integration / Akademie für Raumforschung und Landesplanung. - Hannover: ARL, 1992
    (Forschungs- und Sitzungsberichte / Akademie für Raumforschung und Landesplanung; 187)
    ISBN 3-88838-013-8
NE: Akademie für Raumforschung und Landesplanung <Hannover>: Forschungs- und Sitzungsberichte

FORSCHUNGS- UND
SITZUNGSBERICHTE 187

Regionale Wirtschaftspolitik
auf dem Wege
zur europäischen Integration

AKADEMIE FÜR RAUMFORSCHUNG UND LANDESPLANUNG

Autoren dieses Bandes

Hans-Georg Gerstenlauer, Dr., Kommission der Europäischen Gemeinschaften, Generaldirektion IV Wettbewerbskontrolle, Brüssel

Heinrich Gräber, Dr. rer.pol., Referatsleiter Regionalpolitik, Bremer Ausschuß für Wirtschaftsforschung - BAW, Bremen

Helmut Karl, Dr. rer.pol., Wiss. Mitarbeiter. Rheinisch-Westfälisches Institut für Wirtschaftsforschung - RWI, Essen

Paul Klemmer, Dr. rer.pol., Professor, Ruhr-Universität Bochum, Präsident des Rheinisch-Westfälischen Instituts für Wirtschaftsforschung - RWI, Essen, Ordentliches Mitglied der Akademie für Raumforschung und Landesplanung

Konrad Lammers, Dipl.-Volkswirt, Wiss. Mitarbeiter, Institut für Weltwirtschaft, Kiel

Egon Schoneweg, Dr., Kommission der Europäischen Gemeinschaften, Generaldirektion XVI Regionalpolitik, Brüssel

Michael Schulz-Trieglaff (†), Dr. rer.pol, Ministerialdirigent, Minister für Wirtschaft des Saarlandes, Saarbrücken, Korrespondierendes Mitglied der Akademie für Raumforschung und Landesplanung

Harald Spehl, Dr. rer.pol., Univ.-Professor, Universität Trier, Fachbereich IV, Trier, Korrespondierendes Mitglied der Akademie für Raumforschung und Landesplanung

Bernd Spiekermann, Dr. rer.pol., Kommission der Europäischen Gemeinschaften, Generaldirektion XVI Regionalpolitik, Brüssel, Korrespondierendes Mitglied der Akademie für Raumforschung und Landesplanung

Best.-Nr. 013
ISBN 3-88838-013-8
ISSN 0935-0780

Alle Rechte vorbehalten • Verlag der ARL • Hannover 1992
© Akademie für Raumforschung und Landesplanung
Druck: poppdruck, 3012 Langenhagen
Auslieferung
VSB-Verlagsservice Braunschweig

INHALTSVERZEICHNIS

VI

Gliederung

PAUL KLEMMER / HELMUT KARL

Eine Einführung zu den Ergebnissen des Arbeitskreises "Zukunft der regionalen Wirtschaftspolitik in der Bundesrepublik Deutschland"

Der Arbeitskreis "Zukunft der regionalen Wirtschaftspolitik in der Bundesrepublik Deutschland" der Akademie für Raumforschung und Landesplanung beschäftigte sich in der Zeit von 1989 bis 1991 in mehreren Sitzungen mit dem Spannungsverhältnis zwischen deutscher und europäischer Regionalpolitik. Dies resultierte nicht zuletzt aus der Feststellung, daß die Regionalpolitik im Zusammenhang mit der europäischen Integration eine beachtliche Aufwertung erfuhr und zunehmend zur Schlüsselpolitik der EG-Kommission wurde. Mit der Einführung der Art. 130a-130e in den Vertrag zur Gründung der Europäischen Wirtschaftsgemeinschaft (EWGV) durch die Einheitliche Europäische Akte (EEA) wurde die Gemeinschaftspolitik darauf verpflichtet, die Schaffung eines europäischen Binnenmarktes mit dem Abbau regionaler Disparitäten (Konvergenz- und Kohäsionsanliegen) zu verknüpfen, und die Mitgliedsstaaten aufgefordert, dieses Anliegen im Rahmen ihrer jeweiligen Wirtschaftspolitik zu berücksichtigen. Dem Europäischen Fonds für Regionale Entwicklung (EFRE) wurde hierbei besondere Bedeutung zugemessen, was zu einer Reform des gesamten strukturpolitischen Instrumentariums führte. Insbesondere erfolgte eine stärkere Ausrichtung der Strukturfonds auf regionalpolitische Zielsetzungen sowie eine beachtliche Aufstockung der Fondsmittel, die bereits heute rd. ein Viertel des Gemeinschaftshaushaltes auf sich vereinigen.

Diese Aktivitäten gehen mit einem wachsenden Kompetenzanspruch der Europäischen Gemeinschaft für den Bereich der regionalen Strukturpolitik einher. Die wachsende Bedeutung des Regionalfonds sowie die zunehmende Europäisierung der Regionalpolitik verbinden sich nämlich mit einer über die Beihilfenaufsicht laufenden Beeinflussung der regionalpolitischen Anstrengungen der einzelnen Mitgliedsstaaten. Hierunter hatte vor allem die regionale Wirtschaftspolitik der Bundesrepublik zu "leiden". So machte die EG-Kommission in den letzten Jahren zunehmend Bedenken gegen die deutsche Regionalförderung geltend, was u.a. zur Einleitung von Beanstandungsverfahren (gemäß Art. 93 Abs. 2 EWGV) gegen den Vierzehnten und Fünfzehnten Rahmenplan der Gemeinschaftsaufgabe "Verbesserung der regionalen Wirtschaftsstruktur", zu Einschränkungen der ergänzenden Landesförderung (etwa bei Nordrhein-Westfalen) bzw. auf dem Wege über politische Verhandlungen zu Korrekturen beim Sechzehnten und Siebzehnten Rahmenplan führte. Es ist darum davon auszugehen, daß die EG-Kommission im Gefolge der deutschen Wiedervereinigung nach Auslaufen der vom Rat am 4.12.1990 verabschiedeten Ausnahme- und Übergangsregelungen auf einer weiteren Reduktion der Förderfläche beharren wird, die über das bereits im Zwanzigsten Rahmenplan festgelegte Ausmaß hinausgehen wird. Der Konflikt zwischen europäischer und deutscher Regionalpolitik ist somit programmiert.

Es erschien daher naheliegend, die "Zukunft der deutschen Regionalpolitik" vor dem Hintergrund der EG-Regionalpolitik zu beleuchten und im Rahmen des ARL-Arbeitskreises letzterer besondere Aufmerksamkeit zu schenken. Aus dem Spektrum des zahlreiche Schattierungen aufweisenden Wechselverhältnisses zwischen deutscher und europäischer Regionalpolitik rückte der Arbeitskreis vor allem drei Fragestellungen in den Mittelpunkt:

- Wachsende regionalpolitische Aktivitäten der Europäischen Gemeinschaft bedürfen nicht nur angesichts des von den Wirtschaftswissenschaften wiederentdeckten Subsidiaritätsprinzips einer Begründung, sondern benötigen, falls sie legitim sind, institutionelle Strukturen und Rahmenbedingungen, die Kompetenzen und Aufgaben zwischen der Europäischen Gemeinschaft, den Bundesstaaten, den Ländern und Gemeinden abstimmen. Die diesen Fragenkomplex betreffenden Beiträge dieses Bandes befassen sich deshalb mit der Legitimität europäischer Regionalpolitik und setzen sich insbesondere kritisch mit den heute herrschenden institutionellen Strukturen auseinander, um hierauf aufbauend Reformansätze zu entwickeln.

- Neben dieser eher ordnungspolitisch ausgerichteten Begründung europäischer Regionalpolitik setzen wie auch immer geartete europäische Aktivitäten Strukturen voraus, die eine Abstimmung zwischen und mit den Ländern der Gemeinschaft erlauben. Für den Bereich der regionalen Strukturpolitik bedeutet dies, daß Förderziele, -gebiete und -kriterien bestimmt werden müssen, um die europäische und nationalstaatliche Regionalpolitik zu harmonisieren. Deshalb werden nachstehend Überlegungen formuliert, die auf eine Minderung der durch fehlende Koordination ausgelösten Effizienzverluste zielen.

- Soweit sich neben der explizit regional orientierten EG-Strukturpolitik im Rahmen einer europäischen Wettbewerbspolitik eine über die Beihilfenkontrolle laufende indirekte Regionalpolitik entfaltet, bedarf diese einer besonderen Betrachtung und Legitimierung. Dies verlangt eine gesonderte Behandlung und kritische Würdigung der herrschenden Praxis der Beihilfekontrollen.

Da bei der Bearbeitung der verschiedenen Themenschwerpunkte Wert darauf gelegt wurde, möglichst eng an der Praxis der europäischen Politik anzuknüpfen, stellen die Beiträge gleichzeitig die Struktur (Stand Frühjahr 1991) europäischer Regionalpolitik vor und bieten eine gute Basis für die nun beginnende Reformdiskussion im Rahmen der Gemeinschaft.

Der Beitrag Egon Schonewegs "Die Regionalpolitik der EG als Mittel für den Wandel der Industriestruktur" stellt einleitend die Intentionen der europäischen Regionalpolitik dar, wie sie sich in der Reform der europäischen Strukturfonds mit dem Inkrafttreten der Einheitlichen Europäischen Akte wiederfindet. Vor dem Hintergrund des Konvergenzanliegens stellt er das Bemühen der Europäischen Gemeinschaft heraus, durch

- Koordination der verschiedenen Fonds,
- die Abgrenzung von Zielgebieten,
- eigene, unabhängig von der nationalen Regionalförderung getragene Sonderprogramme für Werft-, Montan- und Textilregionen

die Effektivität der Regionalpolitik zu steigern.

Die Ziele der Europäischen Gemeinschaft stehen gleichfalls im Beitrag "Regional- und Strukturpolitik der EG im Europäischen Binnenmarkt" von Hans-Georg Gerstenlauer im Vordergrund. Er beschäftigt sich insbesondere mit der Wettbewerbskontrolle gegenüber Regionalbeihilfen, die auf den Artikeln 91 bis 93 des EWG-Vertrags beruhen, bzw. den regionalpolitisch so wichtigen Ausnahmeregelungen. Vom Beihilfeverbot ausgenommen sind nämlich Regionalbeihilfen, wenn die betreffenden Regionen, gemessen an Einkommen und Beschäftigung oder anderen Indikatoren, Defizite im europäischen und nationalen Vergleich aufweisen. Mit wachsender Integration der europäischen Märkte nimmt aufgrund der wachsenden Wettbewerbsintensität auch die Gefahr zu, daß die Regionalbeihilfen mißbräuchlich und ungerechtfertigt gewährt werden. Deshalb betont Gerstenlauer die zukünftig steigende Bedeutung der Beihilfenkontrolle.

Den Darstellungen des Anliegens der Europäischen Gemeinschaft folgt eine Reihe von Beiträgen, die sich mit der Praxis europäischer Regionalpolitik und ihren vielen Details kritisch auseinandersetzen. So verlangt eine regionale Strukturpolitik u.a. die zielbezogene Abgrenzung von Fördergebieten, d.h. die Festlegung von Selektionskriterien und ihrer Gewichtung. Diese Fördergebietsabgrenzung war innerhalb der Europäischen Gemeinschaft bis zur Reform der Strukturfonds im Jahre 1989 noch unproblematisch, weil sich die Hilfe der Europäischen Gemeinschaft stets der nationalen Fördergebietsabgrenzung anschloß. Seit der Reform der Fonds ist diese Kongruenz jedoch nicht mehr in allen Fällen gegeben und wirft zunehmend Probleme auf. Den daraus resultierenden Folgewirkungen widmet sich der Beitrag von Heinrich Gräber und Harald Spehl "Die Fördergebietsabgrenzung der Gemeinschaftsaufgabe vor dem Hintergrund der Regionalpolitik der Europäischen Gemeinschaften". Die Autoren stellen die zwischen Europäischer Gemeinschaft und Deutschland unterschiedlich gehandhabten Abgrenzungskriterien zusammen und verdeutlichen, daß die Festlegungen auf diesem Gebiet u.a. auch für die wachsende Divergenz zwischen nationalen und europäischen Fördergebieten verantwortlich sind. Sie zeigen weiter, daß die europäischen Fördergebiete von der Gemeinschaftsaufgabe nicht einfach übernommen werden können, ohne ihre selbst gesetzte Förderschwelle von einem Drittel der Wohnbevölkerung zu überschreiten. Für die Autoren folgt daraus, daß sich der Spielraum für eine Regionalpolitik, die sich an nationalen Kriterien orientiert, deutlich vermindert. Zwar lehnen sie einen gewissen Kompetenzverlust der nationalstaatlichen Regionalpolitik bei der Formulierung von Zielen, Aktionsräumen und Instrumenten nicht ab, aber sie sehen in einem Diagnoseraster und -system, das von seiten der Europäischen Gemeinschaft vom nationalstaatlichen Muster abweicht, keinen Sinn. Vielmehr verbinden sie mit dieser Zentralisierung Informations- und Effizienzverluste.

Um solche Effizienzverluste aufzufangen, untersucht der Beitrag "Regionale Wirtschaftspolitik in der Bundesrepublik unter EG-Rahmenbedingungen" von Bernd Spiekermann verschiedene Abstimmungsmodi zwischen bundesdeutscher und europäischer Regionalpolitik. Um die Koordinationsverluste aufzufangen, entwickelt er Überlegungen, wie die EG als vierte Ebene im Ziel- und Instrumentesystem der regionalen Wirtschaftspolitik der Bundesrepublik integriert werden kann. Spiekermann votiert dabei für eine Lösung, die sich bemüht, die Bund-Länder-Gemeinschaftsaufgabe um die Ebene der Europäischen Gemeinschaft zu erweitern, indem die europäischen Fördergebiete von der Gemeinschaftsaufgabe übernommen werden sollen. Diese Überlegungen führen zu einer Gebietshierarchie, die sich von den europäischen Fördergebieten bis hin zu den Fördergebieten der Gemeinschaftsaufgabe sowie der Länder erstreckt. Sie könnte den Vorteil bieten, daß die Instrumente und Maßnahmen der regionalen Strukturpolitik nicht parallel, sondern integriert zum Zuge kämen.

Mit einer weiteren Facette der Koordinationsproblematik beschäftigt sich auch der Aufsatz "Regionalpolitische Sonderprogramme der EG - saarländische Erfahrung bei der Planung und Durchführung" von Michael Schulz-Trieglaff. Die spezifischen Gemeinschafts- oder Sonderprogramme der Europäischen Gemeinschaft sollen nämlich auch die räumlichen Wirkungen des Strukturwandels und der Strukturpolitik abfedern und konzentrieren sich deshalb u.a. auf die Montan-, Werft- und Textilregionen. Im Lichte der Erfahrungen einer Montanregion schildert Schulz-Trieglaff den Einsatz von Mitteln aus europäischen Sonderprogrammen zur Finanzierung von Flächenrevitalisierung und Gewerbe- sowie Technologieparks. Angesichts der vielfältigen Fördermittel, die in Montanregionen fließen, diagnostiziert er eine 'Töpfchenwirtschaft', die von Parlament und Regierung kaum mehr zu kontrollieren ist. Darüber hinaus weist er Unstimmigkeiten in der Fördergebietsabgrenzung nach. Weil er die in Sonderprogrammen anvisierte regionale Flankierung sektoraler Strukturpolitik für legitim und sinnvoll hält, entwickelt er schließlich Reformvorschläge. Neben einer verbesserten Planung und Erfolgskontrolle spricht sich Schulz-Trieglaff für zusätzliche dezentrale Einflußmöglichkeiten auf die Programmstruktur aus, um Effizienzverluste durch Überzentralisierung zu vermeiden.

Reformforderungen finden sich auch im Aufsatz "Die Beihilfekontrolle der EG-Kommission und ihre Bedeutung für die nationale Fördergebietsabgrenzung" von Heinrich Gräber. Seine Kritik an der Beihilfekontrolle der EG konzentriert sich neben methodischen Mängeln vor allem auf die Behandlung innerstaatlicher Disparitäten. Danach muß ein Land um so größere Disparitäten ertragen, je besser es ihm wirtschaftlich im Vergleich zum Durchschnitt der EG geht. Dahinter sieht er eine Vorstellung, nach der wirtschaftsschwache Regionen davon profitieren, wenn in den wirtschaftsstarken Regionen Beihilfen restriktiv vergeben werden. Ein solcher Zusammenhang wird von ihm zumindest großräumlich für die Europäische Gemeinschaft bezweifelt. Wird zudem den entwickelteren Staaten nicht die Möglichkeit gegeben, auf relative Disparitäten zu reagieren, sieht Gräber die Akzeptanz der Finanzierung europäischer Regionalpolitik auf seiten wirtschaftsstarker Staaten gefährdet. Als Alternative zur bisherigen Beihilfekontrolle schlägt er deshalb einen Ordnungsrahmen innerhalb der Europäischen Gemeinschaft vor, der lediglich maximale Beihilfesätze fixiert und die Fördergebiete plafondiert, ansonsten den Regionen aber freie Hand läßt.

Grundlegende und tiefer gehende Reformvorschläge, die sich auf die institutionelle Struktur der Europäischen Gemeinschaft konzentrieren, präsentiert der Beitrag "Mehr regionalpolitische Kompetenzen für die EG im Europäischen Binnenmarkt?" von Konrad Lammers. Er geht vom Wettbewerb als Organisation eines dezentralen Suchprozesses aus, bei dem individuelle Pläne zum wechselseitigen Vorteil aufeinander abgestimmt werden. Ein solcher Wettbewerbsprozeß entscheidet letztlich auch die räumliche Verteilung der Produktionsfaktoren. Er erfordert jedoch gemeinsame Spielregeln, zu denen auch das Verbot staatlich gewährter Beihilfen gehört, soweit diese den Wettbewerb verzerren. Die Beihilfenkontrolle der Europäischen Gemeinschaft ist seiner Ansicht nach jedoch nicht strikt wettbewerbspolitisch orientiert, weil sie Ausnahmen kennt und unter bestimmten Voraussetzungen auch wettbewerbsverzerrende Beihilfen zulassen muß. Darüber hinaus werden Wettbewerbsverzerrungen, die nicht an Regionalbeihilfen (etwa in den Fachpolitiken) gekoppelt sind, von der Beihilfenkontrolle nicht wahrgenommen. Beide Momente sind für Lammers dafür ausschlaggebend, daß für die praktizierte Beihilfeaufsicht ein im Zuge der Binnenmarktintegration steigender Kompetenzanspruch nicht akzeptiert werden kann. Dies gilt auch für die europäische Regionalpolitik, weil auf ihrer Ebene zentralisierte Politik Informationsvorteile bei der Identifizierung von Präferenzen, regionalen Problemlagen und effizienter Mittelverwendung blockiert. Lammers votiert statt dessen für einen ungebundenen Finanzausgleich, bei dem Wettbewerb zwischen den Regionen dafür sorgt, daß die Mittel im Eigeninteresse möglichst effizient eingesetzt werden.

Die Zukunft der deutschen Regionalpolitik wird künftighin in einem noch stärkeren Ausmaß als bisher von den Vorgaben der EG-Regionalpolitik bestimmt werden. Dies ist sicherlich dann zu erwarten, wenn im Rahmen einer Erweiterungsstrategie neue Mitglieder hinzustoßen, die zu einer Vergrößerung der regionalen Disparitäten führen, bzw. der Integrationsprozeß selbst über eine Globalisierung der betrieblichen Absatz- und Beschaffungsmärkte, eine Internationalisierung bzw. Tertiärisierung der Produktion sowie über die Herausbildung neuer Formen zwischenbetrieblicher Arbeitsteilung regionale Disparitäten induziert. Sie werden die Europäische Gemeinschaft veranlassen, die Europäisierung der Regionalpolitik voranzutreiben und die regionalpolitischen Handlungsspielräume der Mitgliedsstaaten weiter einzuengen. Insofern liefern die Beiträge dieses Arbeitskreises der Akademie für Raumforschung und Landesplanung eine gute Basis für die Beurteilung der gegenwärtigen Konzeption der EG-Regionalpolitik bzw. der bald zu erwartenden Reformvorstellungen von seiten der EG-Kommission.

EGON SCHONEWEG

Die Regionalpolitik der EG zwischen europäischem Finanzausgleich und Mittel für den Wandel der Industriestruktur

1. Einleitung: Probleme und Vorgeschichte

Die Strukturpolitik, deren integrierender Bestandteil die Regionalpolitik ist, gehört zu den großen politischen Aufgaben der Gemeinschaft in der Gegenwart. Bis 1993 sollen nicht weniger als 25% der Mittel des Gemeinschaftshaushalts aufgewendet werden, um die Schaffung des Binnenmarktes regional- und sozialpolitisch zu flankieren. Damit wird die Strukturpolitik zum zweitgrößten Haushaltsposten nach der gemeinsamen Agrarpolitik, deren relativer Anteil während der gleichen Zeitspanne auf 50% zurückgeführt werden soll. Der vorliegende Beitrag verfolgt die Absicht, einen Überblick über die jüngsten Entwicklungen der Maßnahmen, mit denen ein struktureller Wandel induziert werden soll, zu geben und die Kontinuität der in der Vergangenheit ausgearbeiteten Lösungsansätze aufzuzeigen. Er enthält keine Wertungen der laufenden Programme, da zum gegenwärtigen Zeitpunkt eine Erfolgskontrolle noch nicht möglich ist.

Der europäische Binnenmarkt wird zweifellos dazu beitragen, die allgemeinen Rahmenbedingungen der wirtschaftlichen Entwicklung zu verbessern und neue Wachstumskräfte freizusetzen. Für die Problemregionen der Gemeinschaft ist jedoch zu befürchten, daß sie hierauf nicht mit der erforderlichen Dynamik reagieren können. Wenn vornehmlich die stärkeren und attraktiveren Regionen aus der Beseitigung der noch bestehenden Hindernisse für den freien Waren-, Dienstleistungs- und Kapitalverkehr Nutzen ziehen, laufen die weniger begünstigten Regionen Gefahr, gleichsam erdrückt zu werden.

Ein reibungslos funktionierender Binnenmarkt ist nicht vorstellbar ohne ein Mindestmaß an Kohäsion. Dies ist in den Vertragstexten der Gemeinschaft zum erstenmal von der Einheitlichen Europäischen Akte explizit festgestellt worden. Im Gegensatz zum EWG-Vertrag enthält diese nicht nur Bestimmungen im Hinblick auf den freien Waren-, Kapital- und Dienstleistungsverkehr, sondern auch in bezug auf die Verstärkung des ''wirtschaftlichen und sozialen Zusammenhalts'' der Gemeinschaft, d.h. auf den Abbau der regionalen Disparitäten von Wohlstand und Beschäftigung, die im Verlaufe der Entwicklung der Gemeinschaft immer größer geworden waren.

Das hiermit angesprochene Problem der regionalen Disparitäten bezog sich dabei zunächst nur auf die sogenannten traditionell benachteiligten Gebiete an der südlichen und nach der ersten Erweiterung auch westlichen Peripherie der Gemeinschaft. Natürlich gab es auch im Kernbereich Sonderprobleme, wie Grenzgebiete, Berg- und Inselgebiete, sowie Regionen, die durch eine traditionelle und damit unproduktive Landwirtschaft gekennzeichnet waren, doch waren diese vergleichsweise weniger gravierend. Das Hauptproblem war das Wohlstandsgefälle zwischen Zentrum und Peripherie, wobei die Größenordnung der Disparitäten bei dem Bruttoinlandsprodukt (BIP) mindestens 6 zu 1 und bei der Produktivität immer noch 3 zu 1 betrug. Die Arbeitslosenquoten, die allerdings aufgrund der Erhebungsverfahren schwieriger zu vergleichen sind, ergaben sogar Werte von 12 zu 1.

Mit den Süderweiterungen hat sich das regionale Gefälle in bezug auf Wirtschaftskraft, Beschäftigungslage und Infrastrukturausstattung noch einmal verstärkt.

2.   Die Entstehung der Regionalpolitik der EG

Trotz des Ernstes dieser Sachlage war die Regionalpolitik als solche vom EWG-Vertrag nicht vorgesehen. In ihm findet sich nur in der Präambel ein Hinweis auf die Regionalproblematik, insofern sich die vertragschließenden Parteien verpflichteten, "ihre Volkswirtschaften zu einigen und deren harmonische Entwicklung zu fördern, indem sie den Abstand zwischen einzelnen Gebieten und den Rückstand weniger begünstigter Gebiete verringern".

Zum Zeitpunkt der Gründung der Gemeinschaft galt als herrschende Lehre, daß die europäische Integration als solche ein mächtiger Faktor für den Abbau der Disparitäten sein würde. Einige Jahre später mußte man dann feststellen, daß die erhofften Auswirkungen nicht überall positiv waren. Angesichts der Tatsache, daß es ihm nicht gelungen war, seinen komparativen Vorteil im Bereich der sich entwickelnden Arbeitsteilung zu nutzen, zog z.B. der Mezzogiorno keine wesentlichen Vorteile aus der gemeinsamen Agrarpolitik, sondern diese zwang ihn im Gegenteil, seine Nahrungsmittel zu höheren Preisen zu kaufen.

Ende der sechziger Jahre war der Diskussionsstand so weit vorangeschritten, daß Ausgleichsmaßnahmen oder sogar eine umfassende Umverteilungspolitik gefordert wurden. 1975 führten die italienischen Forderungen und der Beitritt Großbritanniens dazu, eine seit langem von Kommission und Europäischem Parlament vorgeschlagene Maßnahme zu verwirklichen: die Schaffung des Europäischen Fonds für regionale Entwicklung (EFRE). Seine Funktionsweise wurde zunächst durch die Verordnung 724/75 bestimmt, anschließend - nach einer ersten Reform im Jahre 1979 - durch die Verordnung 1787/84. Diese an sich positive Einrichtung wies jedoch den Geburtsfehler auf, daß sie vollständig der Kontrolle der Mitgliedstaaten verblieb, die sich aufgrund von vorher bestimmten Quoten ihre Ausgaben für Infrastrukturmaßnahmen erstatten ließen. Somit funktionierte dieses System zunächst wie ein bloßer Finanzausgleich, ohne wirklichen Einfluß auf die Vorhaben auszuüben, die durch das System finanziert wurden.

Die Bescheidenheit der zunächst erzielten Resultate kann nicht der Kommission angelastet werden, denn ihre Vorschläge von 1973 waren im Gegensatz zur späteren Praxis durchaus ehrgeizig. Sie umfaßten nicht nur die Schaffung des EFRE, sondern auch Fortschritte im Hinblick auf die Harmonisierung der Regionalpolitiken der Mitgliedstaaten selbst. Sie erstreckten sich auf die Gesamtheit des Territoriums der Gemeinschaft, was als ein Vorläufer einer gemeinschaftlichen Raumordnungspolitik betrachtet werden kann. Der Ministerrat und damit die Regierungen der Mitgliedstaaten berücksichtigten hiervon jedoch nur die finanziellen Aspekte und verabschiedeten Regelungen, die es unmöglich machten, über die europäischen Regionalbeihilfen die nationalen Regionalpolitiken zu beeinflussen. Hieraus ergaben sich dann deutliche Fehlentwicklungen des Europäischen Regionalfonds wie die Ausbreitung des Gießkannenprinzips, die Rückerstattung im Rahmen einer Quotenregelung sowie das Nichtvorhandensein des Grundsatzes der Zusätzlichkeit der Ausgaben, auch "Additionalität" genannt.

Trotz einiger seit 1979 erzielter Fortschritte, wie der Schaffung einer der gemeinschaftlichen, d.h. Kommissionsinitiative überlassenen quotenfreien Abteilung, der Überarbeitung der EFRE-Verordnung 1984 und der Verabschiedung der integrierten Mittelmeerprogramme 1985, behielt das System den Charakterzug einer Ausgleichskasse bei. Es gab noch keine authentische gemeinschaftliche Regionalpolitik. Daher kommt man bis zu diesem Zeitpunkt nicht an der Feststellung vorbei, daß der Gemeinschaft die politischen Mittel versagt worden waren, die es ihr ermöglicht hätten, über eine passive Unterstützung der nationalen Anstrengungen zur Überwindung der regionalen Einkommensgefälle hinauszukommen.

Zu dem Problem traditioneller Rückständigkeit sind seit etwa 1975 die Auswirkungen der Krise wichtiger Branchen wie Kohle, Stahl, Textil und Schiffbau getreten, die oft eine hohe regionale Konzentration aufweisen. Die betroffenen Regionen liegen zum größten Teil in der nördlichen Hälfte der Gemeinschaft. Allein in der Stahlindustrie sind in den letzten 10 Jahren mehr als 350.000 Arbeitsplätze verlorengegangen, und weitere 80.000 sind gegenwärtig noch gefährdet. Dies bedeutet einen Verlust von einem Drittel in der Bundesrepublik Deutschland, der Hälfte in Belgien und von zwei Dritteln in Großbritannien. Die Schwierigkeiten solcher Gebiete verschärfen sich oft noch dadurch, daß sich die Anpassungsprobleme mehrerer Branchen kumulieren. Dies kann zu einem zuweilen raschen Niedergang ganzer Regionen führen. Besonders hart betroffen sind natürlich hiervon die Großstädte, die durch den Ausfall von Einnahmen und eine gleichzeitige Erhöhung ihrer Zahlungsverpflichtungen oft vor fast unlösbare finanzielle Probleme gestellt wurden.

3.   Die Reform der Strukturfonds

Mit dem Inkrafttreten der Einheitlichen Europäischen Akte am 1. Juli 1987 ist die Regionalpolitik der Gemeinschaft in ein neues Stadium getreten. Artikel 130 a des Vertrags sieht eine Verstärkung des wirtschaftlichen und sozialen Zusammenhalts der Gemeinschaft vor. Die Gemeinschaft muß sich diesem gemäß verstärkt darum bemühen, den Abstand zwischen den verschiedenen Regionen und den Rückstand der am wenigsten begünstigten Regionen zu verringern. 1988 sind in dieser Hinsicht vom europäischen Rat und vom Ministerrat bedeutende Entscheidungen getroffen worden, die in einer Reform der Verordnungen, die den Rahmen und die Verfahren der Interventionen festlegen, und im Jahre 1993 in einer Verdoppelung der Finanzmittel der Strukturfonds im Vergleich zu 1987 zum Ausdruck kommen. Im ganzen handelt es sich noch für die Jahre 1988 bis 1992 um einen Aufwand in der Größenordnung von 60 Mrd. ECU[1]).

---

1) Diese Mittel verteilen sich wie folgt:	MECU
Ziel 1	38.300
davon gemeinschaftliche Förderkonzepte	36.200
Gemeinschaftsinitiativen	2.100
Ziel 2	7.205
Ziel 3 und 4	7.450
Ziel 5 a	3.415
Ziel 5 b	2.795
Übergangs- und Innovationsmaßnahmen	1.150
Insgesamt (in Preisen von 1989)	60.315

Der europäische Fonds für die regionale Entwicklung (EFRE), der europäische Sozialfonds (ESF) und der EAGFL/Abteilung Ausrichtung, die Europäische Investitionsbank (EIB) und die anderen Finanzinstrumente müssen in koordinierter Weise zur Verwirklichung von fünf vorrangigen Zielen beitragen:

- Förderung der Entwicklung und der strukturellen Anpassung der Regionen mit Entwicklungsrückstand (Ziel Nr. 1);- Umstellung der Regionen, Grenzregionen oder Teilregionen (einschließlich der Arbeitsmarktregionen und der städtischen Verdichtungsräume), die von der rückläufigen industriellen Entwicklung schwer betroffen sind (Ziel Nr. 2);
- Bekämpfung der Langzeitarbeitslosigkeit (Ziel Nr. 3);
- Erleichterung der Eingliederung der Jugendlichen in das Erwerbsleben (Ziel Nr. 4);
- Im Hinblick auf die Reform der Gemeinsamen Agrarpolitik beschleunigte Anpassung der Agrarstrukturen und Förderung der Entwicklung des ländlichen Raums (Ziele Nr. 5 a und Nr. 5 b).

3.1   Die Leitlinien der Kommission

Die Ziele Nr. 1, 2 und 5 b haben dabei eine spezifische regionale Bedeutung. Wenn in diesem Zusammenhang vor allem Ziel Nr. 2, also die Umstrukturierung von Gebieten mit rückläufiger industrieller Entwicklung, von Interesse ist, so hat die Kommission zur Steigerung der Wirksamkeit aller Gemeinschaftsinterventionen eine Reihe grundsätzlicher Leitlinien aufgestellt, die kurz zusammengefaßt werden sollen:

- Konzentrierung der Interventionen, damit von diesen ein wirklicher wirtschaftlicher Impuls ausgeht. Der Beitrag für die Interventionen zugunsten der Regionen unter Ziel Nr. 1 wird bis 1992 verdoppelt werden, da rund 80% der EFRE-Mittel für diese Regionen bestimmt sind. Besondere Anstrengungen sind dabei zugunsten der schwächsten dieser Regionen zu unternehmen. Die Interventionen unter Ziel Nr. 2 werden auf die Gebiete konzentriert werden, die am schwersten von der rückläufigen industriellen Entwicklung betroffen sind;

- Ersetzung des Vorgehens nach Vorhaben durch einen dezentralisierten Programmansatz, der soweit wie möglich integrierte Operationen umfaßt, d.h. den gleichzeitigen Einsatz aller Fonds und Finanzinstrumente. In der Vergangenheit wurden jährlich mehrere Tausend Vorhaben finanziert, denen nur einige Dutzend Programme gegenüberstanden. Der Programmansatz erlaubt einen besseren Gesamtüberblick über die Entwicklungsmaßnahmen, wobei gleichzeitig die verwaltungsmäßige Bearbeitung der Anträge vereinfacht wird. Dadurch wird ein wirklicher Dialog über die Prioritäten der regionalen Entwicklungspolitiken anstatt lediglich über die Auswahl einzelner Vorhaben ermöglicht;

- Partnerschaft zwischen der Gemeinschaft und den nationalen, regionalen und lokalen Behörden, die sowohl beim Entscheidungsprozeß als auch auf operationeller Ebene zum Ausdruck kommt. Im Namen der betreffenden Regionen übermitteln die Mitgliedstaaten der Kommission die regionalen Entwicklungspläne. Diese werden dann im Rahmen der Partnerschaft geprüft. Danach entscheidet die Kommission über die sogenannten gemeinschaftlichen Förderkonzepte. Darin werden die zu berücksichtigenden Prioritäten für die Entwicklung, die Interventionsformen (Programme usw.) und die Finanzplanung präzisiert. Die Kommission wird in den förderungsfähigen Regionen bestehende oder vertretende zwischengeschaltete Stellen hinzuziehen, insbesondere regionale Entwicklungsgesellschaften, um bestimmte Interventionen der Gemeinschaft durchzuführen;

- stärkere Koordinierung zwischen den Finanzinstrumenten der Gemeinschaft. Die drei Fonds tragen zum Ziel Nr. 1 bei, der Regionalfonds und der Sozialfonds zum Ziel Nr. 2. Die Europäische Investitionsbank (EIB) und die anderen Finanzinstrumente der Gemeinschaft können ebenfalls zur Finanzierung beitragen, so daß die Gemeinschaft in der Lage ist, in stärkerem Maße Zuschüsse und Darlehen zu kombinieren. Auch eine neue Finanztechnik - die Gewährung von Globalzuschüssen - ist mit der Reform eingeführt worden, die auf die Finanzierung von Vorhaben kleineren Umfangs zur Förderung der lokalen Entwicklung ausgerichtet ist;

- Verbesserung der Bewertung und der Kontrolle. Eine vorausschauende Bewertung der Ergebnisse wird nach der Erstellung der sogenannten gemeinschaftlichen Förderkonzepte und der Programme erfolgen, um die Ziele klar festzulegen. Nach der Verwirklichung der Operation wird eine Bewertung der tatsächlichen Ergebnisse erfolgen, um zu prüfen, ob die ursprünglichen Ziele erreicht worden sind.

Die Aktionen der Gemeinschaft zur Verstärkung des wirtschaftlichen und sozialen Zusammenhalts sollen sich nicht auf die Reform der Strukturfonds beschränken, denn Artikel 130 b des Vertrages sieht vor, daß einerseits die Mitgliedstaaten durch die Gestaltung und Koordinierung ihrer Wirtschaftspolitik zu dieser Verstärkung beitragen, andererseits aber auch die verschiedenen Gemeinschaftspolitiken, einschließlich derer auf dem Gebiet des Binnenmarktes, dazu beizutragen haben. Die Kommission wird sich deshalb bemühen, daß die regionalen Auswirkungen solcher Politiken wie Umweltpolitik, Forschungspolitik, Verkehrspolitik, Agrarpolitik, Energiepolitik, öffentliches Auftragswesen oder Wettbewerbspolitik ebenfalls berücksichtigt werden.

3.2. Konkrete Maßnahmen

Für die spezifischen regionalpolitischen Aspekte bei Ziel Nr. 1 und 2 gilt folgendes:

Die regionalen Ungleichgewichte bei Produktivität, Beschäftigung und Einkommen können nur dann verringert werden, wenn Produktivität und Arbeitsplätze in den rückständigen Regionen und in den Krisengebieten in einem Tempo zunehmen, das deutlich über dem Gemeinschaftsdurchschnitt liegt.

Mit der Regionalpolitik der Gemeinschaft allein können die regionalen Ungleichgewichte trotz der Verdoppelung der Mittel für die Strukturfonds nicht verringert werden. Auch eine größere Konvergenz zwischen den Mitgliedstaaten kann allein nicht gewährleisten, daß die regionalen Ungleichgewichte zwischen den Mitgliedstaaten in der gewünschten Weise korrigiert werden oder weiter zu unerwünschten Wanderungsbewegungen und Konzentrationen der Bevölkerung führen. Die Kommission unterstreicht deshalb die Bedeutung der auf nationaler Ebene verfolgten Regionalpolitiken, welche, ihrerseits untereinander abgestimmt, die Regionalpolitik der Gemeinschaft ergänzen. Insbesondere muß dabei darauf geachtet werden, daß sich gemeinschaftliche und nationale Regionalpolitik nicht konterkarieren. Die Aufstellung gemeinsamer Grundsätze und die Kontrolle nationaler Maßnahmen im Rahmen der Wettbewerbsvorschriften der Gemeinschaft sollten dies gewährleisten.

Ferner ist das Vorhandensein gesunder makro-ökonomischer Rahmenbedingungen von großer Bedeutung, da die Entwicklung der Gemeinschaft der letzten Jahrzehnte gezeigt hat, daß der Prozeß der Konvergenz nur in Wachstumsphasen Fortschritte machen konnte.

Die Wirtschaftskraft einer Region wird in beträchtlichem Ausmaß von dem Vorhandensein von Human- und Sachkapital bestimmt. Einerseits wird der Hauptbeitrag der Regionalpolitik zur Verringerung der Ungleichgewichte darin bestehen, produktive Investitionen (im Industrie-, Handwerks- und Dienstleistungsbereich) sowie Investitionen in entwicklungsorientierten Infrastrukturen zu fördern, und andererseits darin, ergänzende Aktionen zur Entwicklung des Humankapitals der Regionen durchzuführen.

Es ist zu betonen, daß es notwendig ist, daß die Erhöhung der finanziellen Ressourcen, die durch die Gemeinschaft zur Verfügung gestellt werden, zu einer echten zusätzlichen wirtschaftlichen Auswirkung in den betreffenden Regionen führt und zumindest eine ebenso starke Anhebung der öffentlichen Strukturhilfen in den betreffenden Mitgliedstaaten nach sich zieht. Die regionalpolitischen Maßnahmen der Gemeinschaft dürfen nicht einfach dazu verwendet werden, nationale Maßnahmen zu refinanzieren. Der Grundsatz der Zusätzlichkeit der Additionalität sollte dies in Zukunft verhindern.

3.3   Die Ausrichtung der Maßnahmen

In der Vergangenheit konzentrierte sich die Gemeinschaftsförderung von Investitionen in den Regionen sehr stark auf Infrastrukturinvestitionen. 1987 und 1988 z.B. entfielen noch etwa 90% der gesamten EFRE-Ausgaben auf Investitionen im Infrastrukturbereich, insbesondere für Verkehr, Wasserversorgung und Kanalisation sowie die Erschließung von Gewerbeflächen. Die Kommission ist der Ansicht, daß angesichts der Bedeutung produktiver Investitionen für die Förderung der Konvergenz künftig ein größerer Teil der Mittel des EFRE für diese bereitgestellt werden sollte.

Die Suche nach dem optimalen Gleichgewicht zwischen Investitionen im Infrastrukturbereich und Investitionen im Unternehmensbereich muß für jede einzelne Region gesondert erfolgen. Die Erstellung von Entwicklungsplänen für jede Region und von gemeinschaftlichen Förderkonzepten ermöglicht es, die Bedürfnisse einer Region besser zu analysieren als bisher.

Die Bedeutung produktiver Investitionen ergibt sich insbesondere für die Gebiete von Ziel Nr. 2, da es sich vor allem darum handelt, alternative Arbeitsplätze für die durch rückläufige industrielle Entwicklung betroffenen Tätigkeiten zu schaffen.

Um die produktiven Investitionen in den Regionen zu fördern, insbesondere im Rahmen der Schaffung und des Ausbaus kleiner und mittlerer Unternehmen, strebt die Kommission eine Kofinanzierung regionaler Beihilfesysteme an.

Die Unterstützung von Investitionen durch die Gemeinschaft muß dabei auf jeden Fall die Ziele und Regeln der anderen Gemeinschaftspolitiken, wie z.B. die Wettbewerbspolitik im Hinblick auf die Beihilfenkontrolle, berücksichtigen. Außerdem sind die Regelungen für Krisensektoren und andere sensible Sektoren zu berücksichtigen.

Zur Verstärkung des Anstoßes und der Wirksamkeit der Haushaltsmittel beabsichtigt die Kommission, die mit den neuen Verordnungen für die Strukturfonds gegebenen Möglichkeiten zu nutzen, indem sie für die Infrastrukturen und für die produktiven Investitionen eine geeignete Kombination von Zuschüssen und Darlehen zu erreichen sucht. Bei der Verhandlung über die gemeinschaftlichen Förderkonzepte sind deshalb Finanzierungspläne für die Investitionen nach Maßgabe der verfolgten wirtschaftlichen Ziele und der im Rahmen dieser Ziele erwarteten Einnahmen aufgestellt worden. Praktisch geht es darum, bei Investitionen, bei denen wesentliche Nettoeinnahmen erwartet werden, Darlehen einen wesentlichen Platz einzuräumen und den Rückgriff auf Haushaltsmittel entsprechend zu beschränken. Umgekehrt soll für Infrastrukturen ohne Einnahmen stärker auf Haushaltsmittel zurückgegriffen werden.

Auch sind nach Ansicht der Kommission Aktionen zur Förderung und Unterstützung der lokalen Entwicklungsinitiativen geeignet, einen wichtigen Beitrag zur regionalen Entwicklung und Schaffung von Arbeitsplätzen zu leisten. Die Erfahrung hat gezeigt, daß Entwicklungsmaßnahmen, die in horizontaler Weise auf nationaler oder selbst regionaler Ebene konzipiert wurden, oft nicht imstande sind, alle lokalen Möglichkeiten zur Schaffung von Arbeitsplätzen zu erfassen. Lokale Initiativen können eine entscheidende Rolle für die Schaffung von Arbeitsplätzen spielen. Die Kommission beabsichtigt, die Verantwortung für die Vergabe und Verwaltung der Gemeinschaftszuschüsse für lokale Entwicklungsinitiativen in den für einen Zuschuß in Betracht kommenden Regionen zwischengeschalteten Stellen, z.B. regionalen Entwicklungsagenturen, zu übertragen, die mit den Unternehmen in engem Kontakt stehen. Die Gemeinschaft will solchen Stellen dafür Globalzuschüsse gewähren.

Die auf diese Weise von der Gemeinschaft finanzierten Maßnahmen können insbesondere Beihilfen für Untersuchungen des lokalen Entwicklungspotentials, für die Wirtschaftsförderung, das Angebot von Dienstleistungen für bereits bestehende Unternehmen und für neue Tätigkeiten wie auch Maßnahmen umfassen, welche die Unternehmensfinanzierung durch geeignete Finanztechniken erleichtern.

Eine zu große Abhängigkeit von einer zu geringen Zahl strukturell schwacher Wirtschaftssektoren ist häufig die Ursache der Schwierigkeiten, denen sich viele Regionen der Gemeinschaft gegenübersehen.

Eine der Aufgaben der Regionalpolitik der Gemeinschaft besteht daher darin, die wirtschaftliche Basis der weniger begünstigten Regionen zu diversifizieren und zu erweitern. Priorität sollte dabei Investitionen eingeräumt werden, die zur Verwendung fortschrittlicherer Produktionstechniken (selbst in traditionellen Sektoren) und von Hochtechnologie führen.

4. Gemeinschaftsinitiativen

Neben den Hauptansätzen der gemeinschaftlichen Förderkonzepte sehen die neuen Verordnungen für die Strukturfonds die Möglichkeit von Initiativen für Aktionen vor, die für die Gemeinschaft von besonderem Interesse sind. Für diese sind etwa 15% der Ausgaben des EFRE vorgesehen. Sie entsprechen in etwa den früheren sogenannten Gemeinschaftsprogrammen. Die entsprechenden Maßnahmen umfassen solche, die mit der Vollendung des Binnenmarktes in Verbindung stehen, und zwar insbesondere:

- Maßnahmen, deren Wirksamkeit größer ist, wenn sie auf Gemeinschaftsebene anstatt auf re-gionaler oder sogar nationaler Ebene konzipiert und durchgeführt werden;
- Maßnahmen, die auf sektorale Änderungen abzielen, vor allem in Regionen mit rückläufiger industrieller Entwicklung;
- spezifische Maßnahmen, die eine kohärente Strategie auf der Ebene mehrerer Mitgliedstaaten erfordern.

In ihrem Aktionsprogramm für 1989 hatte die Kommission drei Gemeinschaftsinitiativen mit den Titeln RECHAR, ENVIREG und STRIDE angekündigt. Die grundsätzliche Entscheidung über das Programm RECHAR, das zur Umstrukturierung von Kohlerevieren beitragen soll, fiel bereits im gleichen Jahr. Das Programm ENVIREG, dessen Ziel es ist, eine Verbindung zwischen regionaler Entwicklung und der Verbesserung der Umwelt herzustellen, und das sich vor allem auf die Mittelmeerregionen erstrecken wird, wurde kurz darauf verabschiedet. Das Programm STRIDE stellt den Aspekt der Forschung und Entwicklung in den Mittelpunkt der Bemühungen für die regionale Entwicklung. Es geht hierbei im wesentlichen darum, die Konzentrationseffekte der nationalen und gemeinschaftlichen Forschungspolitik durch regionale Fördermaßnahmen zu kompensieren. Fünf weitere Programme folgten: INTERREG, dessen Zielsetzung in der grenzüberschreitenden und interregionalen Zusammenarbeit liegt, REGIS, ein Programm für die entferntesten Gebiete der Gemeinschaft, vor allem die französischen, spanischen und portugiesischen Inselregionen im Atlantik, REGEN, das auf die Verknüpfung der Energieversorgungsnetze in den Gebieten mit Entwicklungsrückstand abzielt, TELEMATIQUE, ein neues Fernmeldeprogramm, und PRISMA, ein Programm zur Unterstützung der Klein- und Mittelbetriebe in den gleichen Gebieten. Ergänzt wurden diese spezifisch regionalpolitischen Initiativen durch die sozialpolitischen Gemeinschaftsinitiativen zur Förderung des Humankapitals durch Ausbildungsmaßnahmen - EUROFORM (Berufsbildung), NOW (Maßnahmen für Frauen) und HORIZON (Maßnahmen für Behinderte) - sowie das Programm LEADER für die beschleunigte Integration des ländlichen Raums.

Die für Ziel 2 relevanten Programme sind wie folgt ausgestattet:

RECHAR	300 Mio. ECU
STRIDE	400 Mio. ECU
INTERREG	800 Mio. ECU

Außer den Interventionen in den förderfähigen Gebieten wird die Gemeinschaft durch den EFRE auch folgendes finanzieren:

- Studien, die als Grundlage für den Dialog mit den Mitgliedstaaten über die Raumordnung der

Gemeinschaft dienen, insbesondere über die Auswirkung der Vollendung des Binnenmarktes auf die regionale Entwicklung;

- Pilotvorhaben in den Grenzgebieten, und zwar sowohl im Infrastrukturbereich als auch für produktive Investitionen. Pilotvorhaben in anderen als den Grenzregionen, deren Verwirklichung aber für die wirtschaftliche Entwicklung in einem oder in mehreren Mitgliedstaaten von entscheidender Bedeutung ist, können ebenfalls eine finanzielle Hilfe von der Gemeinschaft erhalten;

- Erfahrungsaustausch und Zusammenarbeit auf dem Gebiet der Entwicklung zwischen den Regionen der Gemeinschaft.

5. Die Gebiete industrieller Umstrukturierung

Die Liste der unter Ziel Nr. 2 förderfähigen Gebiete ist im Frühjahr 1989 von der Kommission vorgelegt worden. Die Abgrenzungskriterien waren dabei folgende:

a) eine durchschnittliche Arbeitslosenquote, die über dem Gemeinschaftsdurchschnitt lag, der während der letzten drei Jahre verzeichnet wurde,

b) ein Anteil der in der Industrie beschäftigten Erwerbstätigen an der Gesamtzahl der Erwerbstätigen, der in einem beliebigen Bezugsjahr seit 1975 dem Gemeinschaftsdurchschnitt entsprach oder über diesem lag,

c) ein festgestellter Rückgang der Erwerbstätigen in der Industrie im Vergleich zu einem bestimmten Bezugsjahr.

Neben diesen obligatorischen Kriterien kamen noch angrenzende Gebiete, städtische Ballungszentren mit einer Arbeitslosenquote von mindestens 50% über dem Gemeinschaftsdurchschnitt und Gebiete mit schon eingetretenen oder noch zu erwartenden Schwierigkeiten in bestimmten Branchen in Betracht.

Es handelt sich im allgemeinen um entwickelte Gebiete, deren früher florierende Wirtschaft durch den Strukturwandel eingebrochen ist. Sie haben große Beschäftigungsprobleme, die auf Arbeitsplatzverlusten in ihren traditionellen Industriezweigen und einer nicht ausreichenden Schaffung von Arbeitsplätzen in neuen Tätigkeitsbereichen beruhen. Die wirtschaftliche Belebung dieser Gebiete wird charakteristischerweise nicht nur dadurch behindert, daß sie zu stark von einer kleinen Zahl rückläufiger Branchen abhängen, sondern auch durch die schlechte Beschaffenheit der Umwelt, durch verfallende Infrastruktur und ein unternehmerisches Klima, das der Errichtung neuer Firmen nicht förderlich ist.

Die Gebiete unter Ziel Nr. 2 haben unter dem Gesichtspunkt der Grundausrüstungen wie Universitäten und Forschungszentren im allgemeinen ein relativ hohes FuE-Potential. Es bestehen jedoch oft bedeutende Hindernisse für die Ausschöpfung dieses Potentials, weil zwischen diesem und der technologischen Kapazität der lokalen Unternehmen ein Mißverhältnis besteht. Maßnahmen zur Verbesserung der Verbreitung der Ergebnisse von FuE-Tätigkeiten sowie Innovations- und Technologietransfer an die lokalen Unternehmen werden deshalb gefördert werden.

Die Interventionen zugunsten von Infrastrukturen in den Gebieten unter Ziel Nr. 2 sind auf die räumliche Nutzung von verfallenen Industrieflächen einschließlich städtischer Gebiete ausgerichtet sowie auf solche Infrastrukturen, deren Modernisierung für die Schaffung oder Entwicklung von neuer Wirtschaftstätigkeit erforderlich ist. Die Restaurierung aufgegebenen Industriegeländes sowie im Niedergang begriffener Innenstädte kann zur Förderung der lokalen Wirtschaft beitragen.

6. Rückblick auf frühere Maßnahmen zugunsten von Industriegebieten

Nach diesem Überblick über die zukünftigen Ausrichtungen der gemeinschaftlichen Regionalpolitik in bezug auf die Umstrukturierung der Industriegebiete sollen nun kurz die Initiativen der Gemeinschaft vor der Reform der Strukturfonds zusammengefaßt werden. Sie bilden den Erfahrungshintergrund, der zu den jetzigen gemeinschaftlichen Förderkonzepten geführt hat, die für die nächsten drei (Ziel Nr. 2) bis fünf (Ziel Nr. 1) Jahre die Entwicklungsschwerpunkte, die Interventionsformen und die Finanzplanung bestimmen werden.

6.1 Spezifische Gemeinschaftsmaßnahmen

Die sogenannten spezifischen Gemeinschaftsmaßnahmen zur regionalen Entwicklung, die sogenannten ''nicht quotengebundenen Maßnahmen'', wurden 1979 im Anschluß an die Aufteilung des EFRE in eine quoten- und eine nicht quotengebundene Abteilung eingeleitet. Um die Interventionen des Fonds breiter aufzufächern, sahen sie vor, daß der EFRE neben seiner Beteiligung an den von den Mitgliedstaaten beschlossenen regionalpolitischen Maßnahmen (quotengebundene Maßnahmen) auch spezifische Gemeinschaftsmaßnahmen zur regionalen Entwicklung finanzieren konnte.

Diese Maßnahmen standen in Verbindung mit anderen Gemeinschaftspolitiken und den Maßnahmen, die die Gemeinschaft beschloß, um die regionale Dimension dieser Politiken besser berücksichtigen oder ihre regionalen Auswirkungen abschwächen zu können. In Ausnahmefällen konnten die spezifischen Gemeinschaftsmaßnahmen aber auch darauf ausgerichtet sein, den Auswirkungen des industriellen Strukturwandels in bestimmten Gebieten oder Gebietsteilen zu begegnen, um verlorengegangene Arbeitsplätze zu ersetzen oder die erforderlichen Infrastrukturen zu schaffen. Sie durften keine Vorhaben zur internen Umstrukturierung von Sektoren mit rückläufiger Wirtschaftsentwicklung zum Gegenstand haben, sondern sollten in den Gebieten oder Gebietsteilen, die sich in einer schwierigen wirtschaftlichen Lage befinden, durch die Ansiedlung neuer Wirtschaftstätigkeit die Schaffung alternativer Arbeitsplätze fördern. Dieses Prinzip gilt bis heute. Es sind also nie Gemeinschaftsmittel aus dem Regionalfonds an Krisenbranchen gezahlt worden.

Die entsprechende Verordnung 214/79 sah auch den rechtlichen Rahmen für die Verabschiedung und Durchführung dieser Maßnahmen vor. Für jede dieser Maßnahmen legte der Rat einstimmig auf Vorschlag der Kommission und nach Anhörung des Europäischen Parlaments in einer besonderen Verordnung die Art der finanziellen Maßnahmen, die für die Beteiligung des Fonds in Frage kommenden Gebietsteile und Gebiete, die bei der Beteiligung des Fonds zu berücksichtigenden öffentlichen Maßnahmen der Mitgliedstaaten, die Höhe der Beteiligung des Fonds, die Kategorien von Zuschußempfängern und die Finanzierungsmodalitäten fest.

Die Höhe der Beteiligung des Fonds richtete sich nach der Art der geplanten Maßnahmen. In der Regel betrug sie 50% der beihilfefähigen nationalen Ausgaben für die Infrastrukturmaßnahmen und 70% der Ausgaben für Beihilfen und Dienstleistungen zugunsten von Handwerksbetrieben sowie kleinen und mittleren Unternehmen. Der Zuschuß der Gemeinschaft wurde an den betreffenden Mitgliedstaat oder nach dessen Weisungen ausgezahlt. Ferner wurden Vorschriften erlassen, um eine Kumulierung von quotengebundenen und nicht quotengebundenen Zuschüssen aus dem EFRE zu verhindern und den Einsatz der nationalen und der gemeinschaftlichen Finanzierungsinstrumente zu koordinieren.

Die Maßnahmen wurden in Form von Sonderprogrammen durchgeführt, die die betreffenden Mitgliedstaaten der Kommission zur Genehmigung und zur Bewilligung einer finanziellen Beteiligung vorlegten.

Bis zum 31. Dezember 1985 wurden vom Rat 3 Verordnungsserien zur Einführung von nicht quotengebundenen Maßnahmen erlassen.

Auf der Grundlage der von der Kommission am 16. Oktober 1979 unterbreiteten Vorschläge erließ der Rat am 7. Oktober 1980 eine erste Serie von 5 Verordnungen (2615/8O bis 2619/80) für spezifische Gemeinschaftsmaßnahmen, darunter solche für die Beseitigung von Entwicklungshemmnissen für neue Wirtschaftszweige in bestimmten von der Umstrukturierung der Eisen- und Stahlindustrie betroffenen Gebieten Belgiens, Italiens und des Vereinigten Königreichs sowie für die Beseitigung von Entwicklungshemmnissen für neue Wirtschaftszweige in bestimmten von der Umstrukturierung der Schiffbauindustrie betroffenen Gebieten des Vereinigten Königreichs.

Die Unterbreitung von neuen Vorschlägen durch die Kommission veranlaßte den Rat, am 18. Januar 1984 eine zweite Serie von Verordnungen zu erlassen (214/84 bis 219/84), mit denen bestimmte frühere Verordnungen geändert bzw. neue Maßnahmen eingeführt wurden. Es handelt sich dabei um folgende:

- Änderung der Maßnahme ''Eisen- und Stahlindustrie'' mit dem Ziel, die Beihilfemaßnahmen zu verstärken und zu ergänzen und sie auf weitere Gebiete in Belgien, in der Bundesrepublik Deutschland, in Frankreich, in Luxemburg und im Vereinigten Königreich sowie auf Gebiete auszudehnen, die im Zusammenhang mit den Umstrukturierungsprogrammen für die Eisen- und Stahlindustrie festzulegen waren;
- Änderung der Maßnahme ''Schiffbau'' mit dem Ziel, die Beihilfemaßnahmen zu verstärken und zu ergänzen und sie auf weitere Gebiete in der Bundesrepublik Deutschland auszudehnen;
- Einführung einer Maßnahme zur Beseitigung von Entwicklungshemmnissen für neue Wirtschaftszweige in bestimmten von der Umstrukturierung der Textil- und Bekleidungsindustrie betroffenen Gebieten in Belgien, Frankreich, Irland, Italien, den Niederlanden und im Vereinigten Königreich.

Am 21. Dezember 1984 unterbreitete die Kommission dem Rat eine dritte Serie von Vorschlägen. Da jedoch am 1. Januar 1985 durch das Inkrafttreten der neuen EFRE-Verordnung 1787/84 die Rechtsgrundlage für die Verabschiedung dritten Serie von Maßnahmen durch den Rat wegfiel, konnte dieser diese Serie von Verordnungen erst am 17. Dezember 1985 nach Änderung der neuen EFRE-Verordnung erlassen. Diese neuen Verordnungen betrafen 10 Sonderprogramme mit einer Laufzeit bis zum 25. Februar 1991 und sehen eine auf 144 Mio. ECU veranschlagte Beteiligung der Gemeinschaft vor. Es handelt sich dabei u.a. um folgende Maßnahmen:

- Ausdehnung der Maßnahme ''Schiffbau'' auf weitere Gebiete in der Bundesrepublik Deutschland, in Frankreich und Italien;
- Ausdehnung der Maßnahme ''Textilindustrie'' auf weitere Gebiete in der Bundesrepublik Deutschland;
- Einführung einer Maßnahme zur Förderung neuer Wirtschaftszweige und von bestimmten von der Einführung der gemeinsamen Fischereipolitik betroffenen Gebieten in Dänemark, in der Bundesrepublik Deutschland, in Frankreich und im Vereinigten Königreich.

Insgesamt sind die aufeinanderfolgenden Verordnungsserien durch eine erhebliche Ausweitung der einbezogenen Gebietsteile, der zuschußfähigen Arten von Maßnahmen sowie der Durchführungsdauer der Sonderprogramme gekennzeichnet.

Die ursprünglich für bestimmte Gebiete Belgiens, Italiens und des Vereinigten Königreichs vorgesehene Maßnahme ''Eisen- und Stahlindustrie'' wurde auf weitere Gebiete des Vereinigten Königreichs, der Bundesrepublik Deutschland, Frankreichs und Luxemburgs sowie auf Gebiete ausgedehnt, die in Verbindung mit den Umstrukturierungsprogrammen für die Eisen- und Stahlindustrie festgelegt werden sollen; die Zahl der zuschußfähigen Arten von Maßnahmen stieg von 6 auf 9.

6.2   Gemeinschaftsprogramme

Die spezifischen Probleme bestimmter Branchen, insbesondere der Eisen- und Stahlindustrie sowie des Schiffbaus machten es erforderlich, nach umfassenderen Lösungen zu suchen. Dies führte zu den sogenannten Gemeinschaftsprogrammen, zu denen Artikel 7 der EFRE-Verordnung von 1984 die Rechtsgrundlage lieferte. Zu nennen sind insbesondere die Gemeinschaftsprogramme RESIDER (Stahl) und RENAVAL (Werften). Beide haben eine Laufzeit von etwa fünf Jahren und sind jeweils mit 300 bzw. 200 Mio. ECU ausgestattet.

Die Interventionen der Gemeinschaft sollten in Form mehrjähriger Programme durchgeführt werden, die von den zuständigen Behörden der betroffenen Mitgliedstaaten ausgearbeitet werden. Im Interesse einer wirtschaftlichen Haushaltsführung des Fonds sollten diese Programme nach Abgrenzung der förderberechtigten Gebiete von den Mitgliedstaaten der Kommission innerhalb einer bestimmten Frist übermittelt werden.

Zweck der Gemeinschaftsprogramme war es, in den betreffenden Gebieten zur Beseitigung von Entwicklungshemmnissen für neue beschäftigungswirksame gewerbliche Tätigkeiten beizutragen. Die Programme sahen zu diesem Zweck ein Bündel kohärenter Maßnahmen zur Verbesserung der Infrastruktur und des materiellen und sozialen Umfeldes der betreffenden Gebiete sowie zur Aufnahme neuer Tätigkeiten, der Entwicklung der Klein- und Mittelbetriebe und der Innovationsförderung vor. Die Gemeinschaftsprogramme gewährleisten damit eine Verknüpfung zwischen den Gemeinschaftszielen der regionalen Umstellung und denjenigen im Bereich der Eisen- und Stahlpolitik bzw. des Schiffbaus.

Die Gemeinschaftsprogramme gelten für Gebiete, die im wesentlichen folgende Kriterien erfüllen:

- Vorhandensein einer Mindestzahl von Arbeitsplätzen in der Eisen- und Stahlindustrie bzw. im Schiffbau;
- hohe Abhängigkeit der gewerblichen Arbeitsplätze in der Eisen- und Stahlindustrie bzw. dem Schiffbau;
- starker Verlust von Arbeitsplätzen;
- sozio-ökonomische Situation der Region, in der das betreffende Gebiet liegt und die insbesondere durch eine besonders schwierige Beschäftigungslage gekennzeichnet ist.

Es sei festgestellt, daß die Abgrenzungsbereiche für RENAVAL bereits die Grundsätze der Reform der Strukturfonds übernahmen.

Die zu finanzierenden Maßnahmen lassen sich wie folgt beschreiben:

1) Wiederherrichtung heruntergekommener Industrieviertel oder Industrie- und Stadtviertel, soweit im letzteren Fall beide Merkmale nicht voneinander zu trennen sind, einschließlich deren Sanierung und Wiederherstellung ihrer Lebensfähigkeit, Umwandlung von unbenutzten Industriegebäuden und Grundstücken, einschließlich der Modernisierung von Räumen für die KMU, die Schaffung von Grünflächen sowie kleinere Arbeiten zur Verschönerung der Gegend; ausnahmsweise Bau von Zufahrtsstraßen zu den Standorten neuer Gewerbebetriebe.

2) Schaffung oder Ausbau von Beratungsgesellschaften oder anderen Beratungseinrichtungen im Bereich der Betriebsführung und -organisation; Aufbau oder Ausbau von Agenturen zur Aktivierung unternehmerischer Initiativen.

Die Tätigkeit dieser Gesellschaften oder Einrichtungen kann eine zeitlich begrenzte Hilfeleistung umfassen, um den Unternehmen die Umsetzung der erteilten Empfehlungen zu erleichtern.

Die Agenturen haben dabei folgende Aufgaben:

- Aufspüren (''prospection'') unternehmerischer Initiativen aufgrund unmittelbarer Fühlungnahme zum örtlichen Wirtschaftsgeschehen, und zwar durch Beratungsmaßnahmen über die Möglichkeiten des Zugangs zu Beihilfen und zu Dienstleistungen der öffentlichen Hand, insbesondere zu jenen, die im Rahmen des Sonderprogramms vorgesehen sind;
- Begleitung der Umsetzung dieser Initiativen durch Beratung der vorhandenen oder potentiellen Unternehmer bei der Inanspruchnahme dieser Beihilfen und Dienstleistungen.

3) Schaffung oder Ausbau von gemeinsamen Dienstleistungseinrichtungen für mehrere Unternehmen.

4) Innovationsförderung in der Industrie und im Dienstleistungssektor:

- Sammlung von Informationen über Innovationen im Bereich der Produkte und der Technologie und deren Verbreitung unter den Unternehmen in den von der spezifischen Maßnahme erfaßten Gebieten, einschließlich etwaiger Erprobung dieser Innovationen;
- Anreize zur Einführung von Innovationen im Bereich von Produkten und Technologie durch die KMU.

5) Verbesserung des Zugangs der KMU zu Beteiligungskapital.

6) Erstellung sektoraler Analysen, mit deren Hilfe die KMU der betreffenden Gebiete über die Möglichkeiten der einzelstaatlichen, gemeinschaftlichen und außergemeinschaftlichen Märkte informiert und über die davon zu erwartenden Auswirkungen auf die Produktion und Organisation dieser Unternehmen aufgeklärt werden.

7) Beihilfen für Investitionen der KMU mit dem Ziel, neue Betriebe zu schaffen oder die Anpassung der Produktion an die Möglichkeiten der Märkte zu erleichtern. Diese Investitionen können auch von mehreren Unternehmen gemeinsam genutzte Dienstleistungseinrichtungen betreffen.

Die Gemeinschaftsprogramme RESIDER und RENAVAL fügten sich bereits in die in Artikel 130 d des Vertrages vorgesehene Reform der Strukturfonds ein. Die darin vorgesehene Auswahl der Regionen sowie die dieser Auswahl zugrundeliegenden Kriterien standen mit dem von der genannten Reform verfolgten Lösungsansatz in Einklang.

7.   Gemeinschaftliche Förderkonzepte

Der neuste Stand der Entwicklung sind die gemeinschaftlichen Förderkonzepte gemäß der Rahmenverordnung von 1988 (2052/88). Diese ist nunmehr der grundlegende Text für die Strukturpolitik. Die GFK stellen die Antwort der Kommission auf den in den Regionalentwicklungsplänen der Mitgliedstaaten dargestellten Handlungsbedarf dar. In ihnen wird die gemeinsame Aktion der Mitgliedstaaten und der Gemeinschaft in ihren Grundzügen festgelegt, und sie stellen den Bezugsrahmen für die Finanzierungsanträge dar, die die Mitgliedstaaten bei der Kommission einreichen.

Die einzelnen GFK werden im Einvernehmen mit dem betreffenden Mitgliedstaat und nach Anhörung des zuständigen beratenden Ausschusses durch offiziellen Beschluß der Kommission festgelegt. Sie stellen insofern das greifbarste Beispiel der Partnerschaft dar, als es sich um eine gemeinsam getroffene Entscheidung handelt, die eine gegenseitige Verpflichtung umfaßt:

- Die Kommission bindet sich politisch, denn ihr Beschluß ist eine an den Mitgliedstaat gerichtete Absichtserklärung, die im Amtsblatt der Europäischen Gemeinschaften veröffentlicht wird.
- Die Mitgliedstaaten verpflichten sich, bei ihren einzelnen Finanzierungsanträgen jeweils ein kohärentes Interventionskonzept zu beachten.

Die geographische Ebene der GFK entspricht in der Regel derjenigen, die der Mitgliedstaat in seinen Plänen vorschlägt, wobei allerdings die Möglichkeit besteht, daß die Kommission das Förderkonzept im Einvernehmen mit dem betreffenden Mitgliedstaat auf einer stärker oder geringer aggregierten Ebene anlegt.

Entsprechend den Grundsätzen der Reform enthalten die gemeinschaftlichen Förderkonzepte:

1. die Entscheidung über die Förderschwerpunkte; hierbei sind zu berücksichtigen:

- der Grundsatz der Übereinstimmung mit der Wirtschafts- und Sozialpolitik des betreffenden Staates und der Region;

- die wirtschaftlichen Zukunftsaussichten für die betreffende Region;
- die zu erwartenden Ankurbelungs- und Synergieeffekte;
- der Grundsatz der Übereinstimmung mit den anderen Gemeinschaftspolitiken (Binnenmarkt, Umwelt, Wettbewerb, Forschung, Agrarpolitik, Sozialpolitik usw.);

2. einen Überblick über die Interventionsformen (diese kann die Kommission bei den operationellen oder gegebenenfalls integrierten Programmen selbst vorschlagen, wenn sie dies für angezeigt hält); werden Interventionsformen, die mehrere Regionen gleichzeitig betreffen, grundsätzlich genehmigt, so sind diese in den einzelnen GFK regional aufzuschlüsseln, und zwar jeweils auf der entsprechenden geographischen Ebene der territorialen statistischen Systematik: auf "NUTS II" für Ziel Nr. 1 sowie "NUTS III" für die Ziele Nr. 2 und Nr. 5 b;

3. einen indikativen Finanzierungsplan, aus dem hervorgeht, welches Finanzvolumen für die verschiedenen Interventionsformen veranschlagt wird, für welchen Zeitraum die Mittel vorgesehen sind und welche Beiträge die Fonds, die EIB und die sonstigen beteiligten Finanzinstrumente leisten sollen.

Der Plan wird in ECU aufgestellt: für die einzelnen geplanten Interventionsformen können die Finanzierungsquellen angegeben werden. In den Plänen wird berücksichtigt, welche Finanzmittel voraussichtlich zur Verfügung stehen, daß der Grundsatz der Zusätzlichkeit der Mittel anzuwenden ist und daß Zuschüsse und Darlehen optimal kombiniert werden müssen;

4. Angaben über die Bereitstellung von Mitteln für Studien oder technische Hilfe, wenn dies zur Vorbereitung, Abwicklung oder Anpassung einzelner Maßnahmen erforderlich sein sollte;

5. Angaben zur Durchführung des GFK, insbesondere zur Begleitung und Bewertung und allgemein zu allen Fragen, die das Partnerschaftsverfahren betreffen.

8. Die gemeinschaftlichen Förderkonzepte für die Bundesrepublik Deutschland

Im Dezember 1989 hat die Kommission die gemeinschaftlichen Förderkonzepte für die Bundesrepublik Deutschland beschlossen.

Die Maßnahmen beziehen sich auf Berlin, Bremen, Niedersachsen, Nordrhein-Westfalen, Rheinland-Pfalz und das Saarland.

Die Aufteilung der Finanzmittel ergibt sich aus der nachstehenden Tabelle:

Nordrhein-Westfalen	157.0 MECU
Bremen	25.5 MECU
Salzgitter/Peine	5.3 MECU
Emden	2.3 MECU
Saarland	20.0 MECU
Rheinland-Pfalz	10.2 MECU
Berlin	60.0 MECU

Die entsprechenden operationellen Programme sind ab 1990 angelaufen.

Anhang

Für die Bundesrepublik Deutschland gestalten sich die Förderkulisse und die Schwerpunkte im einzelnen wie folgt:

Berlin

Alle 12 Bezirke Berlins mit insgesamt rund 1,9 Millionen Einwohnern fallen unter Ziel Nr. 2.

Die folgenden Entwicklungsprioritäten wurden in enger Partnerschaft mit der Bundesregierung und dem Senat von Berlin vereinbart:

Wiederherrichtung von Industrieflächen zur Ansiedlung neuer und zur Verlagerung und Erweiterung bestehender Unternehmen.

Maßnahmen zur Verbesserung und zum Schutz der Umwelt:

- Gemeinsame Infrastrukturen für mehrere KMU, vor allem die Anpassung bestehender Gewerbehöfe an die Erfordernisse des Umweltschutzes und die Errichtung zentraler Umweltentlastungstechniken für KMU.
- Berufliche Ausbildung und Förderung von Existenzgründern im Industrie- und Dienstleistungsbereich auf dem Gebiet des Umweltschutzes.
- Investitionsbeihilfen für KMU zur umwelttechnischen Verbesserung betrieblicher Anlagen.
- Qualifizierungsmaßnahmen und Existenzgründungshilfen mit Blick auf umweltfreundliche Produktionstechniken in KMU.
- Informations-, Demonstrations-, Beratungsmaßnahmen sowie Unterstützung von Pilotvorhaben für KMU.
- Qualifizierungsmaßnahmen und Existenzgründungshilfen in den erwähnten Dienstleistungsbereichen.

Stärkung der Attraktivität Berlins als internationaler Konferenz- und Messeort:
- Maßnahmen für die Erweiterung und Modernisierung der Konferenz- und Messekapazität

Förderung unternehmerischer Initiativen, insbesondere für KMU:

- Schaffung und Ausbau unternehmensorientierter Dienstleistungen.
- Ausbildung und Weiterbildung im Bereich Management und Anwendung neuer Technologien für in KMU Beschäftigte.

Bremen

Die bremischen Ziel-2-Gebiete umfassen die Stadt Bremerhaven und die Stadt Bremen ohne die Stadtteile Huchting, Vahr, Borgfeld, Oberneuland und Göppelingen. Die Einwohnerzahl beträgt insgesamt 552.000.

Die folgenden Entwicklungsschwerpunkte wurden in enger Zusammenarbeit mit den deutschen Behörden (Bundesregierung und Senat des Landes Bremen) für den EFRE und den ESF vereinbart. Sie berücksichtigen die strukturellen Probleme und Entwicklungspotentiale in Bremen.

Diversifizierung und Modernisierung des industriellen Sektors:

- Wiederherrichtung von Industrieflächen;
- Investitionsbeihilfen, insbesondere zur Unterstützung der Innovation in KMU;
- Qualifikationsangebote für die Innovation der KMU.

Stärkung des Dienstleistungssektors, insbesondere Ausweitung der unternehmensorientierten Dienstleistungen und Förderung des Tourismus:

- Beratung und Dienstleistungseinrichtungen, vor allem zur Förderung des Technologietransfers, der Innovation in KMU sowie des Außenhandels;
- Förderung des Fremdenverkehrs insbesondere in Bremerhaven;
- Förderung des Humankapitals für die Entwicklung des Dienst- leistungssektors und des Fremdenverkehrs in Bremerhaven.

Maßnahmen zur Verbesserung des Schutzes der Umwelt:

- Ökologische Maßnahmen im Zusammenhang mit der Flächenherrichtung;
- Informations-, Demonstrations- und Beratungsmaßnahmen sowie Unterstützung und Beratung im Zusammenhang mit der Sonderabfallbeseitigung;

Qualifizierungsangebote auf dem Gebiet der Umwelttechnologien.

Niedersachsen

- Emden

Bei dem Ziel-2-Gebiet handelt es sich um die kreisfreie Stadt Emden mit 49.266 Einwohnern (zum 31.12.1987). Emden ist das Zentrum der Arbeitsmarktregion Emden/Leer.

Die zwischen der Kommission und den Behörden Niedersachsens und der Bundesregierung vereinbarten Entwicklungsprioritäten berücksichtigen das geringe Volumen neuer EFRE- und ESF-Mittel, die im Zeitraum 1989-1991 Emden zur Verfügung stehen werden.

- Die EFRE-Mittel werden auf ein Projekt in Verbindung mit der Wiedernutzbarmachung einer Industriefläche konzentriert.
- Der ESF wird zwei Berufsbildungsprojekte mitfinanzieren, die zur Diversifizierung der Wirtschaftsstruktur beitragen sollen.

- Peine-Salzgitter

Bei dem Ziel-2-Gebiet handelt es sich um die Stadt Salzgitter (mit Ausnahme von Lichtenberg, Osterlinde, Lesse, Reppner, Tiede, Beinum, Bruchmartersen, Lobmartersen, Salder, Ohlendorf, Hohenrode, Engerode, Immendorf, Salzgitter-Bad) und die vier Städte Peine, Lengede, Hohenhameln und Ilsede im Landkreis Peine. Das damit als Ziel-2-Gebiet ausgewiesene Gebiet zählt 143.285 Einwohner.

Die zwischen der Kommission und den Behörden Niedersachsens und der Bundesregierung vereinbarten Entwicklungsprioritäten berücksichtigen den geringen Umfang neuer EFRE- und ESF-Mittel, die für Peine/Salzgitter im Zeitraum 1989-1991 zur Verfügung stehen.

- Die EFRE-Mittel sollen auf die Wiederherstellung von Industriegelände konzentriert werden und damit die Wirkung der Maßnahmen im Rahmen des Programms RESIDER verstärken.
- Der ESF wird zur Finanzierung von Ausbildungsmaßnahmen beitragen, die die notwendigen Qualifikationen zur Modernisierung und Stärkung der KMU vermitteln und damit zur Diversifizierung der industriellen Struktur beitragen werden.

Nordrhein-Westfalen

Die 16 Ziel-2-Gebiete in Nordrhein-Westfalen bilden drei getrennte territoriale Einheiten: die Ruhr, das Kohlerevier Aachen-Heinsberg und das Gebiet Ahaus. Die Gebiete zählen insgesamt 3.745.000 Einwohner, davon 3.247.000 im Ruhrgebiet, 325.000 in Aachen-Heinsberg und 146.000 in Ahaus.

Die Entwicklungsschwerpunkte für das Gemeinschaftliche Förderkonzept Nordrhein-Westfalens sind folgende:

Diversifizierung der Industriestrukturen, vor allem durch die Verbesserung der Entwicklungsbedingungen für KMU:

Unterstützt werden produktive Investitionen, hauptsächlich für KMU, zur Förderung der Schaffung neuer Arbeitsplätze als Ersatz für die Arbeitsplatzverluste in den rückläufigen Industrien. Bestehende, vom Land durchgeführte Programme werden verstärkt und auf Teile der Ziel-2-Gebiete ausgedehnt, die noch nicht einbezogen sind. Maßnahmen, die vom EFRE in RESIDER-Gebieten bereits gefördert werden, werden fortgesetzt und auf andere Teile der Ziel-2-Gebiete ausgedehnt.

Hilfen erhalten Software-Maßnahmen zur Förderung des Wirtschaftsklimas vor allem durch
- Maßnahmen im Bereich der Beratung, gemeinsamer Dienstleistungen, der Innovation und Technologie und des Technologietransfers. Die EFRE-Fördermittel werden bereits vom Land geplante Maßnahmen verstärken, und die Förderung dieser Art von Maßnahmen, die bereits in Stahlrevieren im Rahmen von RESIDER erfolgt, wird auf andere Teile der Ziel-2-Gebiete ausgedehnt.
Die Ausbildungsmöglichkeiten für die zur Entwicklung und Stärkung innovativer Branchen und Unternehmen und zur Schaffung von Arbeitsplätzen benötigten Qualifikationen werden
- durch den Sozialfonds unterstützt.

Die Interventionen des ESF betreffen die Umschulung von Arbeitslosen oder von Arbeitslosigkeit bedrohter Personen, zum Großteil aus den traditionellen Industriezweigen, um ihnen die für neue Technologien und Produktionsprozesse erforderlichen Kenntnisse und Fertigkeiten zu vermitteln. Während die vorhandenen Ausbildungsstrukturen im allgemeinen ausreichend

- sind, fehlt es ihnen oft an der für die Vermittlung moderner technischer Kenntnisse notwendigen technischen Ausrüstung. Deshalb sieht das Programm auch den Erwerb derartiger Ausrüstungen durch EFRE-Unterstützung vor. Außerdem wird erforderlichenfalls die Fortbildung der Ausbilder unterstützt.

Wiedernutzbarmachung und Verbesserung der Umweltqualität und des Umfeldes von Industrieflächen, Schwergewicht auf dem Emscher-Park:

Priorität erhält die Wiedernutzbarmachung von Industriebrachflächen und die landschaftliche Verbesserung ihres Umfeldes, um die Voraussetzung für neue Wirtschaftstätigkeiten, insbesondere die Niederlassung von kleinen und mittleren Unternehmen, zu schaffen. Die Kommission erkennt die Bedeutung des "Emscher-Park" an und wird einen Teil der verfügbaren EFRE-Mittel auf diejenigen Elemente des integrierten Konzepts konzentrieren, die für die wirtschaftliche Entwicklung der Region von Bedeutung sind. Mit den Beiträgen des EFRE und der EIB können Maßnahmen, die vom Land bereits vorgesehen sind, verstärkt werden.

- Um Industriebrachflächen, die oft kontaminiert sind, zu sanieren und wieder nutzbar zu machen, ist Personal für die Anwendung moderner Umwelttechniken und die Wiederherrichtung bestehender Gebäude und Anlagen aus- und weiterzubilden. Zum Teil erfolgt diese Ausbildung zweckmäßigerweise am Arbeitsplatz, weshalb die Unternehmen durch ESF-Zuschüsse in Form von Einstellungsbeihilfen zu unterstützen sind.

Unterstützung erhalten Umweltverbesserungs- und Umweltschutzmaßnahmen, die die Ziel-2-Gebiete Nordrhein-Westfalens attraktiver für neue wirtschaftliche Aktivitäten machen sollen. Die EFRE-Unterstützung in diesem Bereich wird eng an Maßnahmen für andere Entwicklungsprioritäten gebunden sein.

Grenzüberschreitende Entwicklung:

Unterstützt wird die grenzüberschreitende Entwicklung. Gemeinschaftshilfen in diesem Bereich werden für Aachen/Heinsberg und Ahaus zur Verfügung stehen. Priorität erhalten dabei Maßnahmen, die aus den bestehenden gemeinsamen grenzüberschreitenden Entwicklungsprogrammen abgeleitet sind und die Zusammenarbeit für spezifische Projekte im Bereich der Regionalentwicklung und der Berufsausbildung fördern sollen.

Darüber hinaus wird der ESF auch transnationale Maßnahmen in anderen Ziel-2-Gebieten unterstützen, die spezifische Kenntnisse im Zusammenhang mit der Vollendung des Binnenmarktes vermitteln sollen.

Rheinland-Pfalz

Die drei Ziel-2-Gebiete von Rheinland-Pfalz, d.h. der Kreis Pirmasens und die beiden Städte Pirmasens und Zweibrücken, bilden eine territoriale Einheit. Insgesamt wohnen in dem Raum 180.000 Menschen.

Die Maßnahmen im Rahmen der Ziel-2-Gebiete betreffen vor allem produktive Investitionen zur Eindämmung des Rückgangs in der Schuhindustrie sowie die Wiedergewinnung und

Erschließung von Industrieflächen und die Entwicklung des Fremdenverkehrspotentials (Pfälzer Wald).

Der ESF soll fördern:

Ausbildung und Qualifikation, vor allem in neuen Technologien zur Sicherung vorhandener und Schaffung neuer Arbeitsplätze, ferner Einstellungsbeihilfen, insbesondere in Branchen mit Entwicklungspotential, in der Metall-, Elektronik- und Schuhindustrie, der Bürotechnik, im Handel und für ausbildende Betriebe.

Saarland

Die zwei Ziel-2-Gebiete Stadtverband Saarbrücken und Kreis Saarlouis bilden eine Gebietseinheit. Die Ziel-2-Gebiete weisen insgesamt rd. 453.000 Einwohner auf.

Die folgenden Entwicklungsschwerpunkte wurden in enger Zusammenarbeit mit der Bundesregierung und der Regierung des Saarlandes vereinbart:

Förderung unternehmerischer Initiativen vor allem für KMU:

- Beihilfen für produktive Investitionen, vor allem für KMU und Existenzgründer.
- Dienstleistungseinrichtungen von Unternehmen und Technologietransfer für KMU.
- Berufsausbildung, Weiterbildung und Eingewöhnung, insbesondere im Bereich neuer Technologien und dringend benötigter Berufe, um bestehende und neue KMU zu fördern.

Verbesserung der wirtschaftsnahen Infrastruktur:

- Wiedernutzbarmachung und Erschließung von Industrieflächen.
- Investitionen in die Infrastruktur zum Schutz der Umwelt, vor allem auf den Feldern Abwasser, Abfall und Energie.
- Entwicklung kleiner Infrastrukturen einschließlich Tourismus.
- Erweiterung der Ausstattung beruflicher Weiterbildungeinrichtungen.

Grenzüberschreitende Aktionen:

- Aktionen zur Förderung des Austausches von Wissen und Berufsausbildung und zur Steigerung der Attraktivität grenzüberschreitender Aktivitäten.

Ein kleiner Betrag wird in allen gemeinschaftlichen Förderkonzepten für vorbereitende, begleitende und Evaluierungsmaßnahmen vorgesehen werden.

Zusammenfassung

Dreißig Jahre nach der Schaffung der Grundlagen des Gemeinsamen Marktes bestehen nunmehr die finanziellen und gesetzestechnischen Grundlagen für die Gestaltung einer wirklichen gemeinschaftlichen Regionalpolitik. Es bleibt jedoch die Frage, ob diese den Herausforderungen der

Einheitlichen Europäischen Akte gewachsen ist. Selbst wenn die Verdoppelung der Strukturfonds an sich eine wichtige Entscheidung darstellt, wäre es dennoch eine Illusion anzunehmen, daß diese Entscheidung alleine das Problem der Öffnung der benachteiligten Gebiete im Kontext des Binnenmarktes lösen könnte.

Trotz der bisher verwirklichten Fortschritte ist die Gemeinschaft noch weit entfernt davon, über die für ein zufriedenstellendes Funktionieren einer Wirtschafts-, Währungs- und politischen Union erforderlichen Mittel zu verfügen.

Dadurch, daß diese Mittel sich auf eine beschränkte Anzahl von Regionen konzentrieren, wird ihre Wirkung jedoch größer sein als früher. Auch die Rationalisierung ihres Einsatzes sollte zu größerer Effizienz führen. Entscheidend sind jedoch die makro-ökonomischen Rahmenbedingungen. Spezifische Aufgabe der Regionalbeihilfen der Gemeinschaft ist es, für zusätzliches Wachstum zu sorgen und somit gleichsam als Hebel für die auf nationaler Ebene durchgeführten Maßnahmen zu wirken.

HANS-GEORG GERSTENLAUER

Die Wettbewerbskontrolle der EG-Kommission gegenüber nationalen Regionalbeihilfen

Rechtsgrundlage der europäischen Subventionskontrolle bilden vor allem die Artikel 92-94 des EWG-Vertrags. Der Artikel 92 Absatz 1 EWG-Vertrag enthält ein grundsätzliches Beihilfeverbot. Dort heißt es:

"Soweit in diesem Vertrag nicht etwas anderes bestimmt ist, sind staatliche oder aus staatlichen Mitteln gewährte Beihilfen gleich welcher Art, die durch die Begünstigung bestimmter Unternehmen oder Produktionszweige den Wettbewerb verfälschen oder zu verfälschen drohen, mit dem Gemeinsamen Markt unvereinbar, soweit sie den Handel zwischen Mitgliedsstaaten beeinträchtigen".

Aus dem Wortlaut geht hervor, daß Beihilfen erst bestimmte Kriterien erfüllen müssen, damit sie unter die Kontrolle der Kommission fallen.

Erstens bezieht sich Artikel 92 Absatz 1 EWGV auf "staatliche oder aus staatlichen Mitteln gewährte Beihilfen gleich welcher Art". Das bedeutet - und dies hat der Europäische Gerichtshof in seinem Urteil zu Regionalbeihilfen des Landes Nordrhein-Westfalen (Rechtssache 248/84) bestätigt -, daß nicht nur Beihilfen der Zentralgewalt, sondern auch diejenigen, die von regionalen und lokalen Stellen gewährt werden, der Beihilfenkontrolle der Kommission unterliegen. Gerade auch in der Bundesrepublik läßt sich immer wieder beobachten, daß insbesondere auf kommunaler Ebene die Meinung vorherrscht, der EWG-Vertrag sei für Beihilfen der Städte und Gemeinden nicht anwendbar. Diese Haltung läßt sich angesichts der eindeutigen Rechtslage objektiv kaum vertreten.

Zweitens: Nicht jede staatliche oder aus staatlichen Mitteln gewährte Leistung unterliegt dem Artikel 92 Absatz 1 EWG-Vertrag. Diese Leistung muß vielmehr bestimmte Unternehmen bzw. Produktionszweige "begünstigen"; es muß also für sie ein nachweisbarer, rechenbarer Vorteil entstehen. Dies bedeutet indessen nicht, daß die Begünstigungen eine bestimmte Größenordnung erreichen müssen: Der EuGH hat schon Investitionsbeihilfen von 2 % als wettbewerbsverfälschend und handelsbeeinträchtigend angesehen.

Der Nachweis einer Begünstigung fällt bei Zulagen, Zuschüssen und Zinsverbilligungen relativ leicht. Schwieriger wird es bei dem Erlaß von Sozialabgaben, Erschließungsbeiträgen, der kostenlosen Abgabe von Vermögenswerten des Staates usw. Als Faustregel kann gelten, daß wann immer Leistungen durch den Staat übernommen werden, es der Artikel 92 erfordert, daß diese Leistungen mit den Unternehmen abgerechnet werden. Alles andere würde eine Beihilfe im Sinne des Artikels 92 darstellen.

Die Begünstigung muß drittens "bestimmte" Unternehmen betreffen. Ein Beihilfevorhaben muß also einen spezifischen Adressatenkreis unter den Unternehmen ansprechen; allgemeine steuerliche Regelungen in einem Mitgliedsstaat (in der Bundesrepublik auch eines Bundeslandes) fallen dementsprechend nicht unter das Beihilfeverbot.

Das vierte Kriterium ist das einer "bestehenden oder drohenden Wettbewerbsverfälschung": Hier kann die Beurteilung des wettbewerbsverfälschenden Charakters einer Beihilfe - bei gleicher Intensität - für unterschiedliche Maßnahmen oder unterschiedliche Sektoren (z.B. sensible Sektoren gegenüber Sektoren ohne gemeinschaftlichen Wettbewerb) zu völlig verschiedenen Ergebnissen kommen.

Fünftens muß das Kriterium der "innergemeinschaftlichen Handelsbeeinträchtigung" erfüllt sein, d.h. es muß ein Handel mit den betreffenden Gütern in der Gemeinschaft bestehen. Ein Unternehmen muß sich jedoch nicht notwendigerweise selbst am innergemeinschaftlichen Handel beteiligen: Auch eine Beihilfe für ein Unternehmen, das sich auf den Heimatmarkt konzentriert, kann handelsbeeinträchtigend wirken, sofern dieses Unternehmen mit Importen des gleichen Produktes aus anderen Mitgliedsstaaten im Wettbewerb steht.

Zusammenfassend läßt sich sagen, daß die Kommission bei ihrer Tatbestandsprüfung jedes Beihilfevorhabens zu untersuchen hat, ob diese Kriterien erfüllt sind. Bei dieser Prüfung geht die Kommission von einem breiten, dynamischen und nicht abschließend definierten Beihilfebegriff aus.

Dieses grundsätzliche Beihilfeverbot betrifft nicht nur solche Subventionen, bei denen es sich etwa um einen Ansiedlungswettbewerb zwischen zwei oder mehreren Orten in der Gemeinschaft handelt. Es betrifft neben Beihilfen für die Neuerrichtung von Unternehmen auch Beihilfen für die Erweiterung, grundlegende Rationalisierung usw.

Doch der EWG-Vertrag sieht auch Ausnahmen vom allgemeinen Beihilfeverbot vor. Im folgenden soll eine Beschränkung auf die für die Regionalpolitik zutreffenden Ausnahmetatbestände erfolgen.

Nach Artikel 92 Absatz 2 c) EWG-Vertrag sind mit dem Gemeinsamen Markt vereinbar

- ''Beihilfen für die Wirtschaft bestimmter, durch die Teilung Deutschlands betroffener Gebiete der Bundesrepublik Deutschland, soweit sie zum Ausgleich der durch die Teilung verursachten wirtschaftlichen Nachteile erforderlich sind''.

Als mit dem Gemeinsamen Markt vereinbar angesehen werden können

- ''Beihilfen zur Förderung der wirtschaftlichen Entwicklung von Gebieten, in denen die Lebenshaltung außergewöhnlich niedrig ist oder eine erhebliche Unterbeschäftigung herrscht'' (Artikel 92 Absatz 3 a) EWG-Vertrag) und
- ''Beihilfen zur Förderung der Entwicklung gewisser ... Wirtschaftsgebiete, soweit sie die Handelsbedingungen nicht in einer Weise verändern, die dem gemeinsamen Interesse zuwiderläuft'' (Artikel 92 Absatz 3 c) EWG-Vertrag).

Der EWG-Vertrag sieht also gerade für Regionalbeihilfen ein relativ flexibles Regel-Ausnahme-System vor, in dem für den jeweiligen Einzelfall die Vor- und Nachteile von Beihilfen mit regionaler Zweckbestimmung unter Wettbewerbsgesichtspunkten gegeneinander abzuwägen sind. In diesem Zusammenhang ist daran zu erinnern, daß die Mitgliedsstaaten die Pflicht haben, die Kommission vor Einführung oder Änderung dieser Beihilfen so rechtzeitig zu unterrichten, daß sich diese dazu äußern kann. Neue Beihilfen dürfen nur vergeben werden, nachdem die Kommission eine endgültige, positive Entscheidung getroffen hat. Die Kommission kann zu jeder unrechtmäßig vergebenen - d.h. von ihr nicht genehmigten - Beihilfe die Rückzahlung verlangen.

Das allgemeine Beihilfeverbot und die drei Ausnahmetatbestände markieren den rechtlichen Rahmen für die Gewährung von nationalen Regionalbeihilfen.

Wie sieht nun die bisherige Praxis der Kontrolle der einzelstaatlichen regionalen Beihilfen durch die Kommission aus?

Diese Praxis vollzog sich bisher auf zwei Ebenen. Einmal wurden nach und nach bestimmte Grundsätze aufgestellt und Methoden für den Vergleich von Regionalbeihilfen ausgearbeitet, zum anderen ist die Ausübung der Befugnisse durch zahlreiche Kommissionsentscheidungen gegenüber den Regionalprogrammen und Einzelfällen der Mitgliedsstaaten gekennzeichnet.

In den Koordinierungsgrundsätzen wurden einige für die Beurteilung von Regionalbeihilfen wichtige Regeln aufgestellt. Sie wurden erstmals 1971 vom Ministerrat verabschiedet und bis 1979 mehrmals von der Kommission an neuere Entwicklungen, insbesondere die Erweiterungen der Gemeinschaften, angepaßt.

So wurde beispielsweise eine gemeinsame Methode für den Vergleich der Beihilfen in der EG nach einem theoretischen Betrag, dem Nettosubventionsäquivalent (NSÄ), ausgearbeitet. Außerdem wurden jeweils einheitliche Höchstgrenzen der Beihilfeintensität für Gruppen von Regionen mit jeweils ähnlichen Regionalproblemen festgelegt: die Gebiete der Gemeinschaft wurden in vier Gruppen zusammengefaßt, in denen, je nach Schwere der Regionalprobleme, Beihilfen mit einem Höchstsatz von 75 %, 30 %, 25 % und 20 % NSÄ der Investitionskosten vergeben werden dürfen. So fiel West-Berlin in die erste Gruppe, während im Zonenrandgebiet max. 25 % NSÄ und in den übrigen Gebieten der Bundesrepublik Deutschland höchstens 20 % NSÄ vergeben werden dürfen.

Schließlich wurden Grundsätze über die Transparenz, die regionale Spezifizität und die sektoralen Auswirkungen der regionalen Beihilfen aufgestellt. So müssen Beihilfen unterschiedlich intensiv sein, wenn regionale Probleme unterschiedlicher Art, Intensität und Dringlichkeit behoben werden sollen. Außerdem wurde vereinbart, daß in den Zentralgebieten eine möglichst weitgehende Senkung des Beihilfeniveaus anzustreben ist.

Die Entscheidungspraxis der Kommission läßt sich wie folgt zusammenfassen:

Beihilfen im Rahmen der Berlin- und Zonenrandförderung sind nach Artikel 92 Absatz 2 c) EWG-Vertrag ausdrücklich vom Beihilfeverbot ausgenommen, ''soweit sie zum Ausgleich der durch die Teilung verursachten Nachteile erforderlich'' sind. Die Kommission hatte bis 1989 sämtliche Beihilfen für Berlin und im Zonenrandgebiet genehmigt und damit die herausragende Stellung dieser Gebiete anerkannt.

Auf der anderen Seite hat die Kommission seit 1979 wiederholt ihre Rechtsposition dargelegt und die Beihilfen nur noch vorläufig genehmigt. Die Kommission war nämlich der Ansicht, daß die Ausnahmebestimmung im Vertrag an genau definierte außergewöhnliche Umstände gebunden ist und daß das Fortbestehen wirtschaftlicher Nachteile nachzuweisen ist. Außerdem ist die Kommission gemäß Artikel 93 Absatz 1 EWG-Vertrag verpflichtet, auch diese Beihilfen - wie alle anderen bestehenden Beihilferegelungen - fortlaufend zu überprüfen.

Mit dem Fall der Mauer, der deutschen Wirtschafts- und Währungsunion und spätestens mit der Herstellung der staatlichen Einheit am 3.10.1990 ist dieser Vertragsartikel obsolet geworden. Die früher genehmigten Beihilfen werden nach unterschiedlichen Übergangsfristen in absehbarer Zeit auslaufen.

Der Artikel 92 Absatz 3 a) EWG-Vertrag betrifft Gebiete mit besonders schwerwiegenden Problemen. Nach dem Wortlaut des Vertrages sind dies Gebiete, "in denen die Lebenshaltung außergewöhnlich niedrig ist oder eine erhebliche Unterbeschäftigung herrscht". Damit sind Gebiete gemeint, deren wirtschaftliche und soziale Lage sich im Vergleich zur gesamten Gemeinschaft als äußerst ungünstig darstellt. Im April 1987 hat die Kommission eine Methode verabschiedet, nach der diese Gebiete über den Indikator Bruttoinlandsprodukt (in Kaufkraftparitäten) ermittelt werden. Als Schwellenwert wurde ein Wert von höchstens 75 % des Gemeinschaftsdurchschnitts bestimmt. Diese Gebiete, die etwa 20 % der EG-Bevölkerung umfassen, sind Griechenland, Irland, Portugal, Teile Italiens und Spaniens, Nordirland und die französischen überseeischen Departements.

Die Kommission hat hier Beihilfen mit teilweise sehr hohen Intensitäten genehmigt. Im Gegensatz zum übrigen Gemeinschaftsgebiet hat sie dabei - wie im Falle einer Entscheidung zum Mezzogiorno - ausnahmsweise auch Betriebsbeihilfen erlaubt.

Die Regionalförderung in den übrigen Gebieten kann dagegen gemäß Artikel 92 Absatz 3 c) des EWG-Vertrags geprüft und genehmigt werden. Gegenüber den Artikel-92-Absatz-3a-Gebieten bestehen dabei zwei wesentliche Unterschiede: Auf der einen Seite ist diese Ausnahmevorschrift insofern weiter gefaßt, als die Benachteiligung einer Region nicht nur am Gemeinschaftsrahmen, sondern auch im Vergleich zu den übrigen Gebieten eines Mitgliedsstaates zu messen ist. Demnach könnte die Förderkulisse hier größer sein. Auf der anderen Seite sind die Voraussetzungen für eine Genehmigung von Beihilfen wesentlich enger gefaßt. So dürfen die Beihilfen "die Handelsbedingungen nicht in einer Weise verändern, die dem gemeinsamen Interesse zuwiderläuft". Die Folge ist, daß die wettbewerbsrechtlichen Auswirkungen einer Regionalbeihilfe einer viel genaueren Prüfung zu unterziehen sind.

Die Kommission hat hier ebenfalls eine Methode für die Beurteilung der sehr unterschiedlichen Förderpraxis der Mitgliedsstaaten ausgearbeitet.

Diese Prüfmethode besteht aus zwei Schritten. Im 1. Schritt wird die Lage einer Region anhand der Indikatoren Bruttoinlandsprodukt/Einwohner und strukturelle Arbeitslosenquote gemessen; im 2. Schritt können alle anderen von den Mitgliedsstaaten verwendeten Indikatoren und regionalpolitischen Begründungen - wie z.B. Wanderungsverluste und drohende Arbeitsplatzverluste - berücksichtigt werden.

Um die Lage einer Region sowohl im nationalen Rahmen als auch am Gemeinschaftsdurchschnitt zu messen, werden für die beiden Hauptindikatoren im ersten Prüfschritt für jeden Mitgliedsstaat individuelle Schwellenwerte ermittelt. Für die Einstufung einer Region als förderungswürdig gilt dabei: Je besser die wirtschaftliche Lage des Mitgliedsstaates im Vergleich zur übrigen Gemeinschaft ist, um so größer muß die Abweichung vom nationalen Durchschnitt sein.

Die Kommission hat auch hier inzwischen zahlreiche Entscheidungen zu Regionalbeihilfeprogrammen und Einzelfällen erlassen. Erkennbar ist die Tendenz, zu einer Verringerung des Beihilfengebietes und der Intensitäten in den sogenannten Zentralgebieten zu gelangen und somit eine Konzentration auf die bedürftigsten Gebiete der EG zu erreichen. Damit sollte nicht, wie manchmal der Kommission unterstellt wurde, einigen Mitgliedsstaaten Regionalpolitik völlig verboten werden, sondern durch Beschränkung auf die wirklichen Problemgebiete die regionale Wirtschaftsförderung effizienter gemacht werden. Diese Praxis ist in den einzelnen Mitgliedsstaaten, insbesondere jedoch in der Bundesrepublik, auf z.T. sehr heftigen Widerstand und teilweise Unverständnis getroffen.

Bei den Auseinandersetzungen mit den Mitgliedsstaaten wird der Kommission häufig vorgeworfen, sie ignoriere die Auswirkungen ihrer Beihilfenkontrolle auf die nationale Regionalpolitik und sie benutze die Wettbewerbspolitik, um selbst regionalpolitische Kompetenzen an sich zu ziehen. Diese Vorwürfe sind jedoch nicht berechtigt. Erstens haben die Strukturfonds auch nach der Reform ihren subsidiären Charakter beibehalten; zweitens greift zwar jede Entscheidung der Kommission zu einzelstaatlichen Regionalbeihilfen auch in die Regionalpolitik der Mitgliedsstaaten ein. Aber dies geschieht nicht aus überzogenen Kompetenzansprüchen Brüssels.

Wie die meisten Beihilfen haben nämlich auch Regionalbeihilfen einen Doppelcharakter. Einerseits können die Regionalbeihilfen der Mitgliedsstaaten zur Entwicklung bestimmter benachteiligter Gebiete beitragen, deren Abstand zu den besser gestellten Regionen verringern und somit insgesamt zu mehr Wachstum und Stabilität beitragen. Auf der anderen Seite haben auch Regionalbeihilfen den nachteiligen Effekt, daß sie beinahe immer den Wettbewerb verfälschen oder zumindest drohen, diesen zu verfälschen. Die dem begünstigten Unternehmen gewährte Finanzhilfe bewirkt eine kalkulierbare Verbesserung seiner Rendite und erweitert damit seinen Verhaltensspielraum gegenüber Wettbewerbern. Durch die Senkung der Investitionskosten erhält das begünstigte Unternehmen einen beträchtlichen Vorteil gegenüber seinen nicht geförderten Konkurrenten.

Darüber hinaus gefährden ungerechtfertigte Regionalbeihilfen das Ziel des einheitlichen EG-Binnenmarktes, da sie durch die künstliche Verbilligung von Waren deren Ausfuhr erleichtern und Einfuhren aus anderen Mitgliedsländern erschweren. Daneben behindern sie über die Abwerbung von Betrieben durch immer höhere Zuschüsse die Entwicklung von tatsächlich armen Regionen im In- und Ausland. Ohne eine Kontrolle durch die EG droht so die Gefahr eines Subventionswettlaufes zwischen den Mitgliedsstaaten und - durch die Begrenztheit des neuen Ansiedlungspotentials - somit auch die Verschwendung öffentlicher Gelder. Unternehmer werden demotiviert, wenn sie erkennen müssen, daß Leistung im Wettbewerb sich nicht lohnt, weil sie nicht gegen andere Firmen, sondern gegen Staatskassen antreten.

Was die Vollendung des Binnenmarktes angeht, so ist zu erwarten, daß die voranschreitende Integration der Märkte auch zu einem erhöhten Wettbewerbsdruck führen wird. Hier besteht die

Gefahr, daß die Mitgliedsstaaten auf den verschärften Wettbewerb mit mehr Beihilfen zum Schutz oder zur Förderung nationaler Unternehmen reagieren. Denkbar ist auch, daß einige Mitgliedsstaaten versuchen könnten, Unternehmen zu subventionieren, damit diese eine führende Rolle auf dem vereinheitlichten Markt spielen können. Beide Vorgehensweisen würden den Wettbewerb beeinträchtigen. Schließlich wird, wenn andere Maßnahmen, die bisher ebenfalls den Wettbewerb verfälschen, mit der Vollendung des Binnenmarktes ihren wettbewerbsverfälschenden Charakter verlieren, gerade dieser Effekt der Beihilfen von nicht-subventionierten Konkurrenten noch viel stärker wahrgenommen.

Aus der unter der Perspektive ''1992'' eher noch zunehmenden Bedeutung der Beihilfen folgt, daß ihre Kontrolle nicht, wie von einzelnen Mitgliedsstaaten gefordert, schwächer werden kann, sondern daß die Kommission ihre Aufsicht sogar noch intensivieren muß.

Ein freier und unverfälschter Wettbewerb liegt vor allem im Interesse derjenigen Unternehmen und Mitgliedsstaaten, die auch ohne Beihilfen konkurrenzfähig sind. Insgesamt betrachtet, brauchen gerade deutsche Unternehmen diesen freien Wettbewerb nicht zu fürchten. Und auch wenn im Einzelfall Eingriffe der Kommission in nationale Programme schmerzhaft sein mögen, so sollten sie doch auch als Chance verstanden werden, den politisch gewollten, aber in der Praxis äußerst schwierigen Subventionsabbau voranzubringen.

Zusammenfassend läßt sich sagen, daß weder die Vollendung des Binnenmarktes noch die verstärkten Anstrengungen für die Strukturfonds noch die Beihilfenaufsicht der Kommission jeweils ein Selbstzweck sind. Weniger denn je können diese Aufgaben in der Gemeinschaft isoliert betrachtet werden. Wer sich erhöhte Ausgaben aus den Strukturfonds verspricht, sollte wissen, daß auch Fortschritte im Binnenmarktprogramm zu mehr Wachstum für die gesamte Gemeinschaft führen. Wer auf die völlige Herstellung der vier Freiheiten setzt, sollte wissen, daß er sich über mehr und ungerechtfertigte Beihilfen seines Mitgliedsstaates keine Wettbewerbsvorteile zu Lasten seiner Konkurrenten verschaffen kann. Alle drei Politikbereiche gehören zusammen. Ihre wirksame und effiziente Durchführung ist eine Voraussetzung für das langfristige Ziel der Gemeinschaft: die Schaffung der politischen Union.

HEINRICH GRÄBER / HARALD SPEHL

Die Fördergebietsabgrenzung der Gemeinschaftsaufgabe vor dem Hintergrund der Regionalpolitik der Europäischen Gemeinschaften

"Für kaum einen anderen nationalen Politikbereich haben sich so unerwartete und gleichzeitig einschneidende Auswirkungen aus der Entwicklung der Europäischen Gemeinschaft ergeben wie für die regionale Wirtschaftspolitik." Dieses Zitat von Stahl aus dem Jahre 1986 trifft auch noch auf die aktuelle Situation zu und soll in diesem Beitrag am Beispiel der Fördergebietsabgrenzung näher analysiert und begründet werden.

Für die Eigenständigkeit der bundesdeutschen Regionalpolitik im allgemeinen und der Fördergebietsabgrenzung im besonderen spielen zum einen die in der Bundesrepublik unter Beteiligung und Mitfinanzierung der EG durchgeführten regionalpolitischen Maßnahmen eine Rolle, zum anderen wäre das Koordinierungsziel der EG - Koordinierung der Regionalpolitik der Gemeinschaft mit den einzelstaatlichen Regionalpolitiken - zu nennen.

1.   Entwicklung der EG-Regionalpolitik

Die Regionalpolitik der EG als solche wird hier nur insoweit behandelt, als es zum Verständnis dieses Teilaspektes notwendig ist (zur Entwicklung der Europäischen Regionalpolitik vgl. Steinle 1983; Mälich 1983; Drygalski 1986; Giolitti 1983; Noé 1983; Püttner, Spannowsky 1986; Kommission der EG 1988 b und den Beitrag von Gerstenlauer in diesem Band).

Die Entwicklung dieser Politik läßt sich schlagwortartig mit folgenden Begriffen beschreiben:

- vom (faktischen) Finanzausgleichsinstrument zum selbständigen europäischen Politikbereich,
- von der Projekt- zur Programmfinanzierung und
- vom Gießkannenprinzip zur Konzentration der EG-Fördermittel auf die - im europäischen Maßstab - bedürftigsten Regionen.

Mit der Verabschiedung der einheitlichen europäischen Akte, die eine Ergänzung und Fortschreibung der römischen Verträge darstellt, wurde die Stärkung des wirtschaftlichen und sozialen Zusammenhalts als wichtiges Ziel der Europäischen Gemeinschaften stärker betont und präzisiert. Wichtige Elemente der Reform der europäischen Regionalpolitik sind neben der im Zeitraum 1988 bis 1993 vorgesehenen realen Verdoppelung der bereitstehenden Mittel

- die Ausrichtung des EG-Regionalfonds auf 3 Ziele (Förderung von Regionen mit Entwicklungsrückstand - Ziel 1 -, Förderung der durch rückläufige industrielle Entwicklung schwer

---

Der Beitrag wurde im Sommer 1990 abgeschlossen und konnte die Fördergebietsabgrenzung der Gemeinschaftsaufgabe 1991 nicht mehr einbeziehen.

betroffenen Regionen - Ziel 2 - und Förderung der Entwicklung des ländlichen Raums - Ziel 5 b -), mit denen bestimmte Fördergebietstypen festgelegt und die Mittel räumlich konzentriert eingesetzt werden;
- die Koordinierung mit anderen Fonds und Finanzierungsinstrumenten, um Synergieeffekte und größere Effizienz zu erreichen;
- die Additionalität der Finanzbeiträge der Gemeinschaft;
- die höheren Anforderungen an Vorbereitung, Durchführung und Kontrolle gemeinschaftlich finanzierter Aktionen und
- die vorrangige Form der Beteiligung der Gemeinschaft an sog. operationellen Programmen.

2.   Fördergebietsabgrenzung der EG-Regionalpolitik

Seit der Reform der EG-Strukturfonds entscheidet die EG-Kommission, nicht mehr der Ministerrat, über die EG-Regionalfördergebiete, wobei nicht länger der Ausweis als nationales Regionalfördergebiet als Fördervoraussetzung von der EG verlangt wird. Die Abgrenzungskriterien für die einzelnen Zielgebiete sind den entsprechenden Verordnungen der EG-Kommission zu entnehmen (vgl. Kommission der EG 1988 a).

Die Umstrukturierungsprobleme altindustrialisierter Regionen werden im Rahmen des Zieles Nr. 2 angesprochen. Um zu einer dieser sog. Ziel-2-Regionen zu gehören, müssen folgende Kriterien erfüllt sein:

- Arbeitslosenquote während der letzten drei Jahre über dem Gemeinschaftsdurchschnitt
- Erwerbstätigenanteil in der Industrie in einem beliebigen Jahr seit 1975 über dem Gemeinschaftsdurchschnitt und
- ein Rückgang der Erwerbstätigen in der Industrie seit dem jeweiligen Bezugsjahr (vgl. oben).

Die regionale Bezugseinheit für diese Diagnose von Förderbedürftigkeit sollte eine Gebietseinheit der Ebene NUTS-III (Kreise bzw. kreisfreie Städte) sein. Allerdings kann sich die Gemeinschaftsintervention auch auf sog. angrenzende Gebiete beziehen, wenn

- diese die obigen Kriterien erfüllen oder
- es sich um städtische Ballungszentren handelt, in denen die Arbeitslosenquote um mindestens 50 % über dem Gemeinschaftsdurchschnitt liegt und in denen ein erheblicher Rückgang der Zahl der Erwerbstätigen in der Industrie verzeichnet wurde, oder
- es sich um Gebiete handelt, die in den letzten 3 Jahren in Industriesektoren, die für ihre wirtschaftliche Entwicklung entscheidend waren, substantielle Arbeitsplatzverluste verzeichnet haben, derzeit substantielle Arbeitsplatzverluste verzeichnen oder von diesen bedroht sind.

Unter Verwendung dieser Kriterien wurden für die Bundesrepublik Deutschland Ziel-2-Regionen mit zunächst ca. 7 Mio. Einwohnern incl. Berlin festgelegt. Die ursprünglich vorgesehene Abgrenzung auf der Basis von Kreisen wurde im Zuge der ''Partnerschaft'' zwischen Kommission und Ländern gelockert.

Die genannten Abgrenzungskriterien führten offensichtlich zu einem Umfang von Ziel-2-Regionen, der mit dem vorgegebenen Einwohnerplafond von 15 % der EG-Bevölkerung nicht in Übereinstimmung zu bringen war. Statt die Kriterien zu verschärfen bzw. den Plafond zu erhöhen, behalf man sich mit einem Vorgehen, das zumindest für die bundesdeutsche Regionalpolitik Neuland bedeutete. In den prinzipiell förderwürdigen und -bedürftigen (Groß-) Städten wurden reine Wohngebiete bei der Addition der anzurechnenden Einwohnervolumina nicht mitgezählt.

Die ländlichen Regionen werden im Rahmen des Zieles 5 b (Förderung und Entwicklung des ländlichen Raumes) angesprochen. Die zu fördernden Gebiete wurden aufgrund der Zahl der in der Landwirtschaft beschäftigten Personen, ihres wirtschaftlichen und landwirtschaftlichen Entwicklungsgrades, ihrer Randlange sowie ihrer Anpassungsfähigkeit in bezug auf die Entwicklung des Agrarsektors - insbesondere im Hinblick auf die Reform der gemeinsamen Agrarpolitik - ausgewählt. Die detaillierten Kriterien sind der Verordnung des Rates über die Interventionen des Europäischen Fonds für regionale Entwicklung zu entnehmen (vgl. Kommission der EG 1988 a).

Wichtig ist in diesem Zusammenhang, daß bei der Auswahl der 5-b-Gebiete die Landwirtschaftsressorts auf EG-, Bundes- und Landesebene einen erheblichen Einfluß ausgeübt haben.

Neben dieser ''Normalförderung'' für die Ziel-Regionen werden nun im Rahmen sog. Gemeinschaftsinitiativen von der EG-Kommission Sonderprogramme aufgelegt. Die Sonderprogrammgebiete sind zwar im allgemeinen immer auch Fördergebiete im Rahmen der Normalförderung, aber im Detail sind auch hier Abweichungen möglich. Als Beispiel sei die Region Hamburg-Mitte genannt, die als Fördergebiet im Rahmen von RENAVAL (Gemeinschaftsinitiative zur Umstellung von Schiffbaugebieten) anerkannt worden ist.

Insgesamt bleibt festzuhalten, daß die Festlegung der Fördergebiete durch die EG

- für Diagnoseeinheiten erfolgt, die regionalpolitisch nicht unproblematisch sind,
- nach Kriterien erfolgt, die für verschiedene Zielgebiete und Gemeinschaftsinitiativen unterschiedlich sind,
- aufgrund eines Verfahrens erfolgt, das stark durch bilaterale Verhandlungen zwischen der EG und den begünstigten Regionen bzw. Bundesländern geprägt ist und das insofern wenig Transparenz aufweist.

3.   Auswirkungen auf die nationale Fördergebietsabgrenzung

Eine Übereinstimmung zwischen nationalen und EG-Fördergebieten wäre zur Erzielung von regionalen Synergieeffekten und zur Erreichung einer höheren Transparenz wünschenswert (vgl. dazu auch den Beitrag von Spiekermann in diesem Band). Es soll deshalb im folgenden analysiert werden, welche Konsequenzen es für die Gemeinschaftsaufgabe hätte, wenn sie die EFRE-Fördergebietseigenschaft als neue ''Per-se-Festlegung von Fördergebieten'' analog der bisherigen Regelung für das Zonenrandgebiet betrachtete.

Analytisch ist es sinnvoll, zwischen Problemen, die aus einem unterschiedlichen räumlichen Bezugssystem einerseits und aus unterschiedlichen Abgrenzungskriterien andererseits entstehen, zu unterscheiden. Beide Probleme sind z.Zt. aktuell und brisant. Theoretisch wäre als drittes Problem die unterschiedliche Art der Verknüpfung von identischen Indikatoren zu erwähnen; dies spielt jedoch in diesem Zusammenhang keine Rolle.

Die EG-Regionalpolitik ist bei der Abgrenzung ihrer Fördergebiete zunächst von Kreisen ausgegangen. Sie hat diese Kreise nach Homogenitätskriterien analysiert, ohne eine Zusammenfassung von funktional verbundenen Kreisen vorzunehmen. Für die Ziel-2-Gebiete wurden in einem zweiten Schritt diese für Zwecke der Regionaldiagnose problematischen Einheiten intraregional weiter ausdifferenziert (vgl. oben). Das ökonomische Knappheitsproblem nicht durch eine restriktivere Handhabung der Abgrenzungskriterien bzw. durch eine Aufstockung des Bevölkerungsplafonds, sondern durch das Überspringen der Wohngebiete zu lösen, erinnert an Vorgänge, die man aus Brüssel bisher nur aus der EG-Agrarpolitik kannte. Daß auch die Einwohner in reinen Wohngebieten altindustrialisierter Städte zumindest indirekt zum Klientel der Regionalpolitik zählen, ist offensichtlich.

Wenn die GA die EFRE-Förderung in ihr Gesamtkonzept integrieren wollte, entstünden erhebliche Probleme durch dieses kleinräumige Vorgehen der EG-Regionalpolitik. Dies wird aus der Tabelle deutlich, wo die Ziel-2-Regionen der EG den Arbeitsmarktregionen der GA zugeordnet werden. Ein Vergleich zwischen der Bevölkerung im Ziel-2-Gebiet und der Bevölkerung des Kreises zeigt zunächst, daß ohne die gemeindescharfe bzw. stadtteilscharfe Abgrenzung der EG die Ziel-2-Gebiete um 1,75 Mio. Einwohner oder um ca. 1/3 größer wären. Die rechte Spalte gibt die Einwohner der Arbeitsmarktregion an, zu der das Ziel-2-Gebiet gehört. Falls man die Zahl der Einwohner aller AMR, die ganz oder teilweise Ziel-2-Gebiet sind, addiert, ergibt sich eine Summe von 9,46 Mio.

Die GA stünde damit vor einem großen Problem:

- wenn sie die Ziel-2-Regionen (Analoges gilt für die Ziel-5b-Regionen) in ihr Fördergebiet integriert, müßte sie zur Wahrung ihres Förderkonzeptes i.d.R. die gesamte Arbeitsmarktregion als nationales Fördergebiet deklarieren und damit ihren Plafond schon sehr weit ausschöpfen;

- wenn sie lediglich die kleinräumige Abgrenzung der EG übernimmt, sind zwar weniger Einwohnervolumina gebunden, sie durchbricht damit aber ihre Fördersystematik und hat es dann entweder mit zwei Klassen von Fördergebieten zu tun oder wird die Nachahmung des schlechten Beispiels aus Brüssel kaum verhindern können.

Unterschiedliche Abgrenzungskriterien von EG-Regionalpolitik und Gemeinschaftsaufgabe stellen ein weiteres Problem dar. Die oben beschriebenen Kriterien für die Ziel-2-Region führten in ihrer Anwendung auf die Bundesrepublik Deutschland dazu, daß zwei Regionen - Heinsberg und Essen - nach den EG-Kriterien förderbedürftig sind, obwohl sie nicht zum Fördergebiet der GA gehören. Darüber hinaus werden eine Reihe von Regionen, die z.Zt. nur über Sonderprogramme zum Fördergebiet gehören, von der EG erfaßt. Auch bei den ländlich geprägten Regionen (5-b-Gebiete) gibt es im Detail Abweichungen von der GA-Förderkulisse. Bemerkenswert ist, daß mit den Kreisen Sigmaringen und dem Alb-Donau-Kreis zwei Regionen des Landes Baden-Württemberg 5-b-Gebiet werden, die nicht einmal Landesfördergebiete sind. Weitere größere Abweichungen gibt es bei den Kreisen Höxter (teilweise), Euskirchen, Kusel und Ansbach (vgl. auch die Karte im Anhang).

Die Übernahme dieser EFRE-Fördergebiete in das GA-Gebiet würde den Spielraum für nach nationalen Kriterien und Prioritäten festgelegte Fördergebiete erheblich vermindern. Die EFRE-Gebiete würden nationale Gebiete aus der Förderkulisse verdrängen, obwohl diese Gebiete nach

Zuordnung der Ziel-2-Gebiete der EG zu den Arbeitsmarktregionen der GA (ohne Westberlin)

Ziel-2-Gebiet der EG	Nr.	Arbeitsmarkt-region	Förderge-bietsstatus[1])	Bevölkerung Ziel-2-Gebiet	Bevölkerung in 1000 Bevölkerung Kreis	Bevölkerung AMR
KS Bremerhaven	14	Bremerhaven	2	133,0	133,0	253,4
KS Emden	17	Emden-Leer	2	49,0	49,6	429,7
KS Bremen	20	Bremen	5	419,0	522,0	786,4
KS Salzgitter	37	Braunschweig-Salzgitter	1/3	68,0	105,4	602,4
LK Peine			1/3	75,0	116,4	
LK Borken[2])	48	Ahaus	1	146,0	146,0	146,0
LK Wesel	52	Wesel-Moers	6	222,0	415,8	415,8
KS Duisburg	53	Duisburg Oberhausen	6	406,0	514,6	736,1
KS Oberhausen			6	174,0	221,5	
KS Essen	54	Essen-Mühlheim	0	467,0	615,4	782,2
KS Gelsenkirchen	55	Gelsenkirchen	1	255,0	283,6	283,6
LK Recklinghausen	56	Recklinghausen	1	337,0	623,2	926,8
KS Bottrop			1	92,0	112,3	
KS Herne			1	150,0	171,3	
LK Ennepe-Ruhr-kreis[3])	57	Bochum	6	157,0	157,0	538,2
KS Bochum			6	259,0	381,2	
LK Unna	58	Dortmund-Lüdinghausen	4	150,0	329,6	982,4
KS Dortmund			4	478,0	568,2	
KS Hamm	59	Hamm-Beckum	6[4])	127,0	166,0	217,9
LK Aachen	76	Aachen	7	181,0	287,9	537,8
LK Heinsberg	76/75	Aachen/Mönchen-Gladbach	0	144,0	217,3	615,5
Saarbrücken (Stadtverband)	103	Saarbrücken	3	284,0	351,3	1028,4
LK Saarlouis			3	169,0	205,1	
KS Pirmasens	127	Pirmasens	4	48,0	48,0	180,0
KS Zweibrücken			4	33,0	33,0	
LK Pirmsasens			4	99,0	99,0	
insgesamt				5122,0	6873,7	9462,6

LK = Landkreis; KS = Kreisfreie Stadt
1) 0 = kein Fördergebiet der GA; 1 = Normalfördergebiet ab 1.1.1988
- Sonderprogramme innerhalb der Normalfördergebiete
  2 = Sonderprogramm Werftregionen; 3 = Sonderprogramm Stahlstandorte und Sonderprogramm Montan-und Schuhindustrie; 4 = Sonderprogramm Montan- und Schuhindustrie
- Sonderprogramme außerhalb der Normalfördergebiete
  5 = Sonderprogramm Bremen; 6 = Sonderprogramm Stahlstandorte und Sonderprogramm Montan- und Schuhindustrie; 7 = Sonderprogramm Aachen-Jülich
2) nur teilweise
3) nur Hattingen und Witten
4) nur die Städte Hamm und Ahlen

Quellen: 1) Kommission der EG 1990; 2) Statistisches Bundesamt 1988, S. 54

nationalen Kriterien und Prioritäten eine höhere Förderungsbedürftigkeit bzw. -würdigkeit besitzen als die EFRE-Gebiete.

Zur Vermeidung von Mißverständnissen sollte betont werden, daß wir das Interesse der Kommission an einer stärkeren inhaltlichen Gestaltung der EG-Regionalpolitik, was Ziele, Aktionsräume und Instrumente betrifft, für berechtigt und im Sinne von regionalpolitischen Zielen auf EG-Ebene auch für funktionsgerecht halten. Die Kommission sollte aber bei ihrer Politik die komparativen Vorteile der nationalen Träger in bezug auf Detailplanung, Durchführung und Kontrolle nicht leichtfertig verschenken. Sie sollte sich auch überlegen, ob es unter Effizienzgesichtspunkten und im Hinblick auf die notwendige Koordination mit nationalen Maßnahmen nicht sinnvoll wäre, von dem nationalen regionalen Diagnoseraster auszugehen.

Vor dem Hintergrund der beschriebenen fachlichen Unzulänglichkeiten der EG-Abgrenzungsmethode kann die an sich wünschenswerte Übereinstimmung von EFRE- und GA-Fördergebieten über eine einseitige Anpassung der Gemeinschaftsaufgabe nicht empfohlen werden. Solange diese Situation des unkoordinierten Nebeneinanders besteht, wird die praktische Regionalpolitik auf ein pragmatisches ''muddling-thru'' hinauslaufen: mit einem Verzicht auf Unternehmensbeihilfen (Ausnahme: Förderung nach der De-minimis-Regel) für diejenigen Gebiete, die zwar EFRE-Fördergebiete, aber keine GA-Fördergebiete sind, wird erreicht, daß diese Gebiete nicht auf den Förderplafonds der Bundesrepublik angerechnet werden. Damit können die oben angeführten Verdrängungseffekte zwar vermieden werden, aber von einem konsistenten Gesamtkonzept mit einer - nach der Intensität regionaler Problemlagen - abgestuften regionalpolitischen Verantwortung der verschiedenen Träger ist diese praktische Politik weit entfernt.

4. Die Koordinierungsfunktion des EFRE

Neben der eigenständigen Abgrenzung von EFRE-Fördergebieten ist beim Verhältnis zwischen GA- und EFRE-Gebieten abschließend auf die Koordinierungsaufgabe des EFRE einzugehen.

In der EFRE-Verordnung von 1984 findet sich zu dieser Koordinierungsaufgabe folgende Formulierung: ''Die Koordinierung der Gemeinschaftspolitiken untereinander und die Koordinierung der Leitlinien und Prioritäten der Gemeinschaft mit den einzelstaatlichen Regionalpolitiken tragen dazu bei, ein höheres Maß an Konvergenz der Volkswirtschaften der Mitgliedstaaten zu verwirklichen und eine ausgewogene Verteilung der Wirtschaftsaktivitäten im Gebiet der Gemeinschaft sicherzustellen.'' Es wird jedoch ausdrücklich konstatiert, daß auch die einzelstaatlichen Regionalpolitiken zur Erreichung dieser Ziele beitragen.

Als Mittel der Koordinierung werden genannt:

- der periodische Bericht über die Lage und die sozio-ökonomische Entwicklung der Gebiete der Gemeinschaft,
- die von den Mitgliedstaaten erstellten regionalen Entwicklungsprogramme, die sich an einem vom Ausschuß für Regionalpolitik ausgearbeiteten gemeinsamen Schema orientieren (sollen) für die Bundesrepublik erfüllen die Regionalen Aktionsprogramme diese Funktion -,
- die Studien der Kommission über die regionalen Auswirkungen der gemeinschaftlichen Wirtschafts- und Sektorpolitiken und

- die Kontrolle der nationalen Beihilfesysteme mit regionaler Zweckbestimmung durch die Kommission.

Es läßt sich eindeutig sagen, daß die Handlungsspielräume der nationalen Regionalpolitik nur durch das letzte Instrument, allerdings hier gravierend, eingeengt werden.

Der periodische Bericht dient als Informationssystem zur laufenden Raumbeobachtung auf der EG-Ebene.

Die nationalen und regionalen Entwicklungsprogramme werden von der Kommission und vom Ausschuß für Regionalpolitik im Hinblick auf ihre Kohärenz mit den Programmen und Zielen der Gemeinschaft geprüft. Soweit es sich um Programme handelt, die im Rahmen des EFRE von der EG mitfinanziert werden, stehen sie unter einem Genehmigungsvorbehalt der Kommission. Soweit die Programme nur mit nationalen Mitteln finanziert werden - und bei den regionalen Aktionsprogrammen der GA ist dies i.d.R. und zukünftig wahrscheinlich noch verstärkt der Fall -, kann die Kommission lediglich Empfehlungen an die Mitgliedstaaten richten.

Es verbleibt also als Koordinierungsinstrument, das die nationalen Handlungsspielräume auch in bezug auf die Fördergebietsabgrenzung einengen kann, die Beihilfekontrolle.

Die Beihilfekontrolle ist dabei kein originäres Instrument der EG-Regionalpolitik, sondern ein Teilbereich der EG-Wettbewerbspolitik. Sie ist insofern institutionell (Generaldirektion Wettbewerbspolitik) als auch publizitätsmäßig (die diesbezüglichen Aktivitäten sind nicht in den periodischen Berichten zum EFRE, sondern in den periodischen Berichten zur Wettbewerbspolitik dokumentiert) einem anderen Fachressort der EG-Kommission zugeordnet (zur Analyse der Beihilfekontrolle und ihrer Bedeutung für die Fördergebietsabgrenzung vgl. den Beitrag von Gräber in diesem Band).

Literatur

Drygalski, A. (1986): Europäische Regionalpolitik und ihre Einflüsse auf die Bundesrepublik Deutschland unter besonderer Berücksichtigung des Europäischen Fonds für regionale Entwicklung. In: Deutsches Verwaltungsblatt, 101. Jg., H. 10, S. 809-814.

Giolitti, A. (1983): Die Regionalpolitik der Europäischen Gemeinschaft. In: Raumforschung und Raumordnung, 41. Jg., H. 1/2, S. 9-14.

Kommission der Europäischen Gemeinschaften (1988a): Verordnung (EWG) Nr. 2052/88 des Rates vom 24. Juni 1988. In: Amtsblatt der Europäischen Gemeinschaften Nr. L 185 vom 15.7.1988 (sog. Rahmenverordnung); Verordnung (EWG) Nr. 4254/88 des Rates vom 19. Dezember 1988. In: Amtsblatt der Europäischen Gemeinschaften Nr. L 374 vom 31.12.1988 (sog. Regionalfondsverordnung).

Kommission der Europäischen Gemeinschaften (1988b): Flankierende Politiken: Reform der Strukturfonds; Vorschläge für Verordnungen (EWG) des Rates. In: Dokumente KOM(88) 500 endg. vom 26.7.1988. Brüssel.

Mälich, W. (1983): Das Konzept der Regionalförderung in der Europäischen Gemeinschaft. In: Müller, J. H.; Dams, T. (Hrsg.): Neuere Entwicklungen der Regionalpolitik in der Bundesrepublik Deutschland, S.

139-152 (Schriften zu Regional- und Verkehrsproblemen in Industrie- und Entwicklungsländern, Bd. 36). Berlin.

Noé, C. (1983): Wo sind 19.5 Milliarden DM geblieben? Bemerkungen zu Zielen, Mitteln und Wirkungsweise regionalpolitischer Versuche der Europäischen Gemeinschaft. In: Raumforschung und Raumordnung, 41. Jg., H. 1/2, S. 15-20.

Püttner, G.; Spannowsky, W. (1986): Das Verhältnis der europäischen Regionalpolitik zur deutschen Regionalpolitik (Schriftenreihe der Gesellschaft für Regionale Strukturentwicklung, Bd. 17). Bonn.

Steinle, W.J. (1983): Europäische Regionalpolitik zwischen Mittelkonzentration, Koordination und Flexibilität. In: Raumforschung und Raumordnung, 41. Jg., H. 1/2, S. 3-8.

Bernd Spiekermann

Regionale Wirtschaftspolitik in der Bundesrepublik unter EG-Rahmenbedingungen

1.   Vorbemerkungen

Seit der Einführung des Art. 91 a in das Grundgesetz und der damit verbundenen Schaffung der Gemeinschaftsaufgabe ''Verbesserung der regionalen Wirtschaftsstruktur'' (GRW) hat sich die regionale Wirtschaftspolititk in der Bundesrepublik zu einem eigenständigen, fest umrissenen Politikbereich entwickelt, in dem national definierte Zielsetzungen der regionalen Strukturpolitik die Vorgaben für eine einheitliche und abgestimmte Regionalpolitik bilden. Bund und Länder bestimmen in einem politisch verantwortlichen Planungsausschuß gemeinsam über Fördergebiete, Förderinhalte und Förderprogramme. Landeseigene Regionalförderprogramme, die nach Schaffung der GRW wesentlich an Bedeutung verloren hatten, werden weitgehend mit der GRW koordiniert und abgestuft in verschiedenen Bundesländern fortgeführt.

Das koordinierte System von GRW und Landesförderung wurde durch die Schaffung des Europäischen Fonds für regionale Entwicklung (EFRE) im Jahre 1975 zunächst nicht wesentlich beeinflußt. Mit zunehmender Eingriffsintensität der EG-Wettbewerbsaufsicht nach Art. 92, 93 EWGV und wachsender Bedeutung des EFRE wurde jedoch die anfänglich problemlose Einbindung der EG-Regionalpolitik in die GRW zunehmend in Frage gestellt.

Die gegenwärtige Situation der beiden Fördersysteme ist weniger durch Integration als durch unkoordiniertes Nebeneinander von GRW und EG-Regionalpolitik gekennzeichnet. Verschiedene Bundesländer reklamieren die Förderangebote des EFRE unter Berufung auf ihre regionalpolitische Kompetenz zunehmend für sich und sind nicht bereit, diese im Rahmen der GRW umzusetzen. Durch eine starke Konzentration des EFRE auf altindustrialisierte Gebiete und einen gegenüber der GRW deutlich breiteren Förderkatalog erhalten bestimmte Bundesländer darüber hinaus regionale Fördervorteile, die außerhalb der im Planungsausschuß der GRW festgelegten Prioritäten liegen. Das auf nationaler Ebene politisch austarierte Fördersystem wird durch die Regionalpolitik der EG mit neuen Vorgaben konfrontiert, die permanente Anpassungsentscheidungen erfordern, wenn das koordinierte System von GRW und Landesförderung nicht durch exogene Einflüsse gestört werden soll. In dieser Situation ist es daher erforderlich, nach langfristigen und konfliktfreien Integrationsansätzen Ausschau zu halten.

2.   Bisheriger Koordinierungsansatz

Die ersten beiden Fondsverordnungen des EFRE aus den Jahren 1975[1]) und 1984[2]) erleichterten das Zusammenspiel von GRW und EFRE in mehreren Punkten wesentlich:

a) In der Frage der Fördergebiete verzichtete die EG auf eine Definition EG-prioritärer Gebiete. Die EG-Regionalpolitik verstand sich vielmehr als Unterstützung der von den Mitgliedsstaaten als förderungswürdig angesehenen Regionen und der dafür vorgesehenen Maßnahmen. Dies bedeutete, daß grundsätzlich alle von einem Mitgliedsstaat definierten Fördergebiete Unterstützung aus dem EFRE erhalten konnten. Voraussetzung war selbstverständlich, daß diese Gebiete den Prüfkriterien der EG-Kommission nach Art. 92 Abs.3 EWGV standhielten und von ihr genehmigt worden waren.

Erste Tendenzen in Richtung divergierender nationaler und EG-Fördergebiete zeichneten sich für die Bundesrepublik erst mit den sog. quotenfreien Programmen im Rahmen der ersten EFRE-VO für Stahl- [3]), Schiffbau-[4]), Textil-[5]) und Fischereiregionen[6]) ab sowie mit den EG-Gemeinschaftsprogrammen der zweiten EFRE-VO, RESIDER[7]) und RENAVAL[8]), in denen die Fördergebiete auf der Basis einer im Rat festgelegten Indikatorenliste abzugrenzen waren. In der Bundesrepublik waren zwar diese altindustrialisierten Krisenregionen größtenteils bereits Fördergebiete der GRW; sie waren jedoch z.T. zeitlich befristete GRW-Sonderprogrammgebiete, so daß sich die Frage stellte, wie zu verfahren sei, wenn vor Auslaufen der quotenfreien Programme bzw. der Gemeinschaftsprogramme RESIDER und RENAVAL die nationale Fördergebietseigenschaft beendet und damit die Grundlage der nationalen Komplementärfinanzierung entfallen würde. Eine EFRE-Förderung setzte darüber hinaus zwingend den Status eines nationalen Fördergebietes voraus.

b) Eine ähnliche Situation bestand auch im Bereich des Förderinstrumentariums. Da die EFRE-VOs ebenso wie die GRW-Rahmenpläne die Förderung gewerblicher Arbeitsplätze und gewerbenaher Infrastrukturen ermöglichten, gab es für die Bundesrepublik kein Problem, den EG-Regionalfonds in die Förderkonzeption der GRW einzubinden. Erste Probleme zeichneten sich erst dann ab, als die EG im Rahmen der o.g. quotenfreien Programme und Gemeinschaftsprogramme Fördermaßnahmen vorsah, die den Förderkatalog der GRW überschritten und somit nicht in den Rahmenplan integrierbar waren (z.B. Beratungsmaßnahmen, nicht-gewerbenahe Infrastrukturen). Es entstand die Frage, ob die Maßnahmen im Rahmen der EG-Programme auf den engeren GRW-Förderrahmen (gewerbliche Investitionen und gewerbenahe Infrastruktur) beschränkt werden sollten, das GRW-Gesetz entsprechend zu erweitern wäre oder ob der breitere Förderrahmen innerhalb der Landesförderung ausgenutzt werden sollte. Mit den Programmen RESIDER und RENAVAL wurde der letzte Weg beschritten, weil das Maßnahmenpaket der EG größtenteils nicht in die GRW integrierbar war, andererseits aber auch keine Erweiterung des GRW-Gesetzes vorgenommen wurde.

Die verfahrensmäßige Abwicklung der EFRE-Beteiligung erfolgte bis Ende 1988 nach einem relativ problemlosen Modus:

a) Zunächst wurden nur solche Vorhaben der EG-Kommission zur Erstattung vorgelegt, die vollständig mit GRW-Mitteln vorfinanziert bzw. durchfinanziert waren. Die EG-Erstattung - in der Regel 50 % der GRW-Aufwendungen - wurde je zur Hälfte auf Bund und Länder aufgeteilt (nach einem pauschalen Vorwegabzug von 5 % der deutschen EFRE-Mittel für Berlin). Die hälftige Aufteilung der EFRE-Mittel auf Bund und Länder korrespondierte mit dem Finanzierungsschlüssel des GRW, der ebenfalls 50 : 50 beträgt. Durch eine entsprechende Verteilung der Finanzierungsanträge konnte sichergestellt werden, daß die einzelnen Bundesländer prozentual soviel EFRE-Erstattungen erhielten, wie ihrem nationalen GRW-Schlüssel entsprach. Ein Deckungsvermerk im Bundeshaushalt sorgte ferner dafür, daß die EG-Mittel für eine Erstattung von GRW-Ausgaben vorgesehen wurden.

Dieses sog. "Erstattungsprinzip" bot für nationale Behörden und Investoren den Vorteil einer direkteren und schnelleren Finanzierungsabwicklung, da sie zunächst ausschließlich auf die nationale Ebene beschränkt war und insbesondere den Investoren ein zusätzliches Antragsverfahren bei EG-Behörden ersparte. Der manchmal zu hörende Vorwurf, Bund und Länder hätten EG-Erstattungen "kassiert", ohne diese für Regionalzwecke einzusetzen, verkennt die Tatsache, daß diese Beträge aus den o.g. Erwägungen von nationalen Stellen vorfinanziert wurden und die Erstattung zur Abdeckung dieser Vorleistung diente, nicht aber zur allgemeinen Haushaltsfinanzierung.

b) Neben GRW-finanzierten Maßnahmen wurden später im Rahmen der quotenfreien Programme und der Gemeinschaftsprogramme RESIDER und RENAVAL für Stahl- bzw. Schiffbauregionen auch landesfinanzierte Maßnahmen zur Mitfinanzierung durch den EFRE vorgesehen. Die EG-Erstattungen wurden direkt an die Empfängerländer durchgeleitet, da der Einsatz von GRW- bzw. Bundesmitteln für diese Maßnahmen nicht vorgesehen war. Die Höhe dieser direkten EG-Beträge an die Länder betrug zwischen 1982 und 1988 rd. 130 Mio. DM, während im gleichen Zeitraum für GRW-Aufwendungen rd. 460 Mio. DM EG-Erstattungen an die Länder und 418 Mio. DM an den Bund zurückflossen.

Anlaß dieser vom Grundsatz der prioritären GRW-Mitfinanzierung abweichenden Regelung war - wie oben bereits erwähnt - die Tatsache, daß die EG in den sog. quotenfreien Programmen (1. Fonds-VO) und Gemeinschaftsprogrammen (2. Fonds-VO) Fördermaßnahmen zwingend vorschrieb, die nicht Gegenstand der nationalen GRW waren (z.B. Beratungsmaßnahmen). Derartige Programme eröffneten den Ländern neue und zusätzliche regionalpolitische Handlungsspielräume:

- Sie enthielten zusätzliche Förderinstrumente, die über den engeren Instrumentenkatalog der GRW hinausgingen und auch nicht-intensive Fördermaßnahmen vorsahen.

- Sie boten die Möglichkeit, auch außerhalb der GRW-Gebiete Regionalförderung betreiben zu können und somit das Fördergebiet eines Landes um diese Gebiete zu erweitern.

- Der Bund war - da keine GRW-Bundesmittel eingesetzt wurden - von einer Beteiligung an den EG-Erstattungen ausgeschlossen. Dafür mußten die Länder ihrerseits den etwa 50%igen Finanzierungsanteil allein tragen. Insgesamt gesehen wurden jedoch den Ländern zusätzliche Finanzquellen eröffnet, da diese EG-Beträge nicht auf ihre GRW-Quote angerechnet wurden.

Politisch wurden die EG-Sonderprogramme von der GRW akzeptiert, entsprachen sie doch weitgehend der Philosophie der deutschen GRW-Sonderprogramme, die ebenfalls für altindustrialisierte Gebiete zeitlich befristete, ergänzende Fördermittel vorsahen. Daß sie in ihrem Maßnahmenkatalog und ihrer Dotierung über die Instrumente bzw. Quoten des Rahmenplanes hinausgingen und damit nicht durch Rahmenplanbeschlüsse des Planungsausschusses in die GRW integriert waren, wurde nicht als störend empfunden. Dies änderte sich erst, als die EG mit der Reform des Strukturfonds Anfang 1989 eine neue Phase der Regionalpolitik einleitete und Tendenzen entstanden, die bisher allein auf die EG-Gemeinschaftsprogramme angewandten Regelungen als generelle Beteiligungsregeln für alle EFRE-Programme anzusehen und damit die GRW gänzlich von der Koordinierung und Kofinanzierung auszuschließen.

3. Neuorientierung der EG-Regionalpolitik

Die Reform der EG-Strukturfonds, die zum 1. Januar 1989 in Kraft trat[9]), soll vor allem dem Kohäsionsziel im Sinne des Abbaus regionaler Wohlstandsdisparitäten dienen (Art. 130 a-e EWGV)[10]). Hierzu wurden wesentliche Änderungen der bisherigen EFRE-Verordnung vorgesehen, die den eigenständigen Handlungsspielraum der EG deutlich erweiterten und damit den Koordinierungsbedarf mit der nationalen Regionalpolitik eher erhöhen als verringern.

a) Auf der Basis einer Unterteilung in 6 verschiedene Strukturziele kann sich der EFRE an der Förderung folgender Ziele beteiligen[11]):

- Förderung der Entwicklung und strukturellen Anpassung der Regionen mit Entwicklungsrückstand (Ziel Nr. 1)
- Umstellung von Regionen, die von einer rückläufigen industriellen Entwicklung schwer betroffen sind (Ziel Nr. 2)
- Förderung der Entwicklung des ländlichen Raumes (Ziel Nr. 5b).

Förderbar sind nicht mehr alle national definierten Fördergebiete, sondern allein die von der EG-Kommission auf der Basis bestimmter Kriterien selbst ausgewählten Regionen. Da die Bundesrepublik nur noch mit wenigen altindustrialisierten Gebieten des Ziels 2 und strukturschwachen ländlichen Gebieten (5b) im Regionalfonds vertreten ist[12]), bedeutet dies gegenüber früher eine deutliche Reduzierung der EG-Fördergebiete, die zudem noch von einer teilweisen Inkongruenz zwischen EFRE- und GRW-Gebieten begleitet wird. Nicht alle Ziel2- und 5b-Gebiete sind derzeit auch Fördergebiete der GRW.

b) Der EG-Kommission wurden deutlich mehr Entscheidungsbefugnisse übertragen. So erfolgen z.B. die regionale Mittelverteilung[13]) und Festlegung von Gemeinschaftsprogrammen nicht mehr durch Ratsbeschluß, sondern in der Kommission. Damit sind wesentliche Mitwirkungsmöglichkeiten der Mitgliedsstaaten gegenüber früher reduziert und Möglichkeiten einer Frühkoordinierung von nationaler Förderpolitik mit EG-Programmen verringert worden. Ziele und Instrumente der Strukturfonds haben ein stärkeres Eigengewicht erhalten und sind nicht mehr der nationalen Strukturpolitik untergeordnet.

c) Eine Intensivierung der regionalpolitischen Kontrollen im Rahmen der Wettbewerbsaufsicht nach Art. 92, 93 EWGV, die inzwischen über die Auswahl von Fördergebieten hinausgeht, beschränkt den autonomen regionalpolitischen Handlungsspielraum des Planungsausschusses zu Fördergebieten, Fördersätzen, Förderinstrumenten etc. Hinzu kommen weitere Auflagen, wie z.B. das Förderverbot für bestimmte Wirtschaftssektoren oder die Einhaltung öffentlicher Ausschreibungspflichten[14]), die das Regelwerk der nationalen Regionalpolitik verdichten.

Wenn Ziele und Instrumente der nationalen Regionalpolitik zunehmend durch EG-Vorgaben beeinflußt werden, stellt sich die Frage, auf welche Weise die EG-Strukturpolitik besser und effizienter als bisher in das nationale Fördersystem integriert werden kann, um weiterhin eine konsistente Strukturpolitik zu gewährleisten.

4. **Konsequenzen und Lösungsalternativen für die regionale Strukturpolitik in der Bundesrepublik**

Der generelle Ansatzpunkt für Reformüberlegungen muß von der Tatsache ausgehen, daß die Europäische Gemeinschaft durch Ratsbeschlüsse der Mitgliedsstaaten zu den Strukturfonds eine EG-Regionalpolitik vorgesehen hat, die zwar auf einer kooperativen Zusammenarbeit zwischen EG-Kommission und Mitgliedsstaaten sowie auf einer Kofinanzierung von nationalen Regionalprogrammen aufbaut, die daneben aber auch durch eigenständige EG-Elemente gekennzeichnet ist.

Gegenüber früher bedeutet dies eine Änderung des Koordinierungsbedarfs in mehrfacher Hinsicht:

- Die EG als vierte Ebene ist im Wege der vertikalen Koordination mit ihrem Ziel- und Instrumentensystem in die Regionalpolitik der Bundesrepublik zu integrieren. Hierbei muß unterschieden werden, ob das bestehende System der bilateralen Bund-Länder-Gemeinschaftsaufgabe durch eine weitere Ebene ergänzt wird oder ob neue unmittelbare Koordinationsbeziehungen zwischen der EG und Regionen aufgebaut werden sollen.

- In formeller Hinsicht wäre zu überlegen, ob Förderangebote des EG-Regionalfonds durch nationale horizontale Absprachen uneingeschränkt oder nach bestimmten Regeln zum Einsatz kommen sollen. Gleiches gilt für die von der EG definierten Fördergebiete, die - falls sie nicht nationalen Prioritäten entsprechen - in eine national zu bestimmende Gebietskulisse zu integrieren oder ggfs. auch zu separieren wären. Damit verbunden ist auch die Frage der Verteilung regionaler Fördermittel, die beim Einsatz von EG-Mitteln auf nationaler Ebene evtl. entsprechend zu revidieren wäre.
Derartige formelle Koordinationsmechanismen könnten sich in festen Regeln und Quoten niederschlagen (z.B. quotale Aufteilung von Fördergebieten); sie könnten aber auch in Ad-hoc-Entscheidungen der Kommission und/oder des Mitgliedsstaates bestehen.

- Aus institutioneller Sicht wäre schließlich zu entscheiden, ob EG-Politikträger in fest etablierten Ausschüssen mit vorgegebenen Abstimmungsmodalitäten Ziele und Instrumente nationaler Regionalpolitik mitbestimmen sollten oder ob die EG-Ebene nur in ''Bedarfsfällen'' eingeschaltet wird.

Bezogen auf das gegenwärtige Regionalförderungssystem der Bundesrepublik sind verschiedene Lösungsvarianten denkbar:

a) Die bisherige Bund-Länder-Gemeinschaftsaufgabe wird durch eine EG-Länder-''Gemeinschaftsaufgabe'' ersetzt. Diese Lösung wird in Ansätzen bereits bei den EG-Gemeinschaftsprogrammen realisiert. Sie würde den Rückzug des Bundes aus der Gemeinschaftsaufgabe und letztlich ihre Auflösung bedeuten und wäre insofern konsequent, als dies einer politisch gewünschten Übertragung von Befugnissen auf die EG-Ebene entspräche und dem Streben mehrerer Länder nach verstärkter regionalpolitischer Kompetenz entgegenkäme, ungeachtet der Existenz des Art. 91 a GG, in dem die Mitwirkung des Bundes an der regionalen Strukturpolitik ausdrücklich festgeschrieben ist. Als wesentliches regionalpolitisches Instrument von allerdings grobem Zuschnitt bliebe dem Bund das Instrument der Finanzhilfen nach Art. 104 a Abs.4 GG.

Ein Ausscheiden des Bundes aus der GRW hätte den Nachteil, daß der Bund mit Mitteln der regionalen Strukturpolitik selbst weniger zum Ziel der Gleichwertigkeit der Lebensverhältnisse beitragen könnte. Gesamtstaatliche Aspekte könnten nur begrenzt durchgesetzt werden, da die Koordinierungs- und Mitfinanzierungsfunktion des Bundes in der GRW auf die EG-Ebene verlagert würde, deren Zielsystem nicht unbedingt nationalstaatlichen Vorstellungen entspricht. Die regionale Strukturpolitik befände sich wieder in einem Zustand, der mit der Lage vor 1969 vergleichbar wäre, allerdings mit dem wesentlichen Unterschied, daß die Wettbewerbsaufsicht nach Art. 92, 93 EWGV inzwischen wesentliche Elemente der Koordinierung wie die Begrenzung von Fördergebieten, Fördersätzen, Förderinstrumenten etc. übernommen hat und einen ungezügelten Förderwettbewerb unter den Bundesländern verhindert. Die inhaltliche Ausgestaltung könnte den sehr breit angelegten Möglichkeiten der EG-Strukturfonds folgen, wobei allerdings die Frage offen bleiben muß, ob in rein national definierten Fördergebieten auch die volle Breite der Fördermöglichkeiten des EFRE unter Wettbewerbsaspekten zum Einsatz kommen könnte.

b) Als zweite Variante böte sich an, die Bund-Länder-Gemeinschaftsaufgabe durch EG-Elemente zu ergänzen und fortzuführen. Dies bedeutet, daß bei Fortsetzung der Gemeinschaftsaufgabe das EG-Zielsystem widerspruchsfrei in die GRW zu integrieren wäre. Es käme vor allem darauf an, das institutionelle Koordinationsverfahren von Entscheidungen des Planungsausschusses und der EG zu verbessern, damit die wesentlichen Inhalte des GRW-Rahmenplanes mit EG-Zielvorstellungen kompatibel sind. Insbesondere wären folgende Strukturelemente aufeinander abzustimmen:

- Für Fördergebiete könnte vorgesehen werden, daß EG-definierte Fördergebiete (Ziel-2- und 5b-Gebiete) als Fördergebiete sui generis - auch ohne Nachweis einer nationalen Förderbedürftigkeit - ähnlich wie derzeit das Zonenrandgebiet automatisch Fördergebiete der GRW werden. Bei einem vorgegebenen Plafonds von derzeit 38 % der Bundesbevölkerung für nationale Fördergebiete müßten bei Aufnahme neuer EG-Gebiete ggfs. die in der Rangfolge besten GRW-Fördergebiete ausscheiden.

- In EG-Fördergebieten müßte dementsprechend das GRW-Förderinstrumentarium zum Einsatz kommen, und darüber hinaus sollte die Möglichkeit eröffnet werden, in diesen Gebieten GRW-Mittel auch für solche Maßnahmen einsetzen zu können, die bislang nach § 2 des Gesetzes über die Gemeinschaftsaufgabe[15]) nicht von der GRW, wohl aber durch den EFRE gefördert werden können. Diese Erweiterung der Fördermöglichkeiten könnte auf die sog. operationellen Programme beschränkt bleiben, die Gegenstand einer gemeinsamen Finanzierung der GRW und des EFRE sind. Sie müßte nicht unbedingt auf alle rein national finanzierten GRW-Maßnahmen ausgedehnt werden.

Im Ergebnis würde diese Neustrukturierung zu einer Dreistufigkeit der regionalen Strukturpolitik führen:

- Prioritäre Fördergebiete wären die gemeinsamen EG-GRW-Fördergebiete, in denen Fördersysteme und -mittel beider Träger zum Einsatz kommen könnten. Förderinstrumente, Fördersätze und Fördermittel hätten hier höchste Priorität.
- Daneben gäbe es abgestuft national definierte GRW-Fördergebiete mit einem eingeschränkten GRW-Förderinstrumentarium, in dem die Förderung wie bisher ablaufen könnte.
- Als dritte Stufe wären die Landesfördergebiete mit der niedrigsten Intensität anzusehen.

Die Öffnung zur ersten Stufe hin erfordert allerdings eine Änderung des GRW-Gesetzes, vor allem des § 1 (Instrumente und Gebiete), die bislang vom Gesetzgeber nicht eingeleitet worden ist.

c) Zwischen den Varianten a) und b) sind verschiedene Zwischenlösungen denkbar. Eine Möglichkeit bestünde z.B. darin, EG-Fördergebiete des Landes bei seinen GRW-Gebieten anzurechnen, so daß es in diesen Gebieten nicht mehr zu Doppelförderungen von EFRE und GRW kommt.

Viele Gründe sprechen für das unter b) vorgeschlagene Modell. In ihm kann den Zielvorstellungen der drei Ebenen EG-Bund-Länder simultan Rechnung getragen werden, ohne daß es zu einem parallelen Nebeneinander verschiedener Fördersysteme kommt. Das Ziel der Gleichwertigkeit der Lebensverhältnisse, das angesichts der jüngsten Entwicklungen in Deutschland an Bedeutung gewonnen hat, spricht nicht dafür, daß sich der Bund mittelfristig aus der Gemeinschaftsaufgabe zurückzieht und die Koordinierung von EG-Regionalprogrammen mit der nationalen Regionalpolitik allein der EG-Länder-Ebene übertragen wird. Vielmehr sollten Möglichkeiten gesucht werden, den EFRE besser und wirksamer als derzeit in die Gemeinschaftsaufgabe zu integrieren.

Anmerkungen

1) Verordnung (EWG) Nr. 724/75 des Rates, Abl.Nr. L73 vom 21.03.1975, S.1

2) Verordnung (EWG) Nr. 1787/84 des Rates vom 19. Juni 1984 betreffend den Europäischen Fonds für Regionale Entwicklung, Abl. Nr. L169 vom 28.Juni 1984, S.1

3) Verordnung (EWG) Nr. 2616/80 des Rates vom 7. Oktober 1980, Abl. Nr. L271 vom 15.10.1980, S.9, geändert durch Verordnung (EWG) Nr. 216/84 des Rates vom 18. Januar 1984, ABl. Nr. L27 vom 31.01.1984, S.9

4) Verordnung (EWG) Nr. 2617/80 des Rates vom 7.Oktober 1980, a.a.O., S.16; geändert durch Verordnung (EWG) Nr. 217/84 des Rates vom 18. Januar 1984, a.a.O., S.15; geändert durch Verordnung (EWG) Nr. 3635/85 des Rates vom 17. Dezember 1985, ABl. Nr. L350 vom 27.12.1985, S.8

5) Verordnung (EWG) Nr. 219/84 des Rates vom 18.Januar 1984, ABl. Nr. L27 vom 31.01.1984, S.22; geändert durch Verordnung (EWG) Nr. 3636/85 des Rates vom 17. Dezember 1985, a.a.O., S.10

6) Verordnung (EWG) Nr. 3638/85 des Rates vom 17. Dezember 1985, a.a.O., S.17

7) Verordnung (EWG) Nr. 328/88 des Rates vom 2. Februar 1988, ABl. Nr. L33 vom 05.02.1988, S.1

8) Verordnung (EWG) Nr. 2506/88 des Rates vom 26. Juli 1988, ABl. Nr. L225 vom 15.08.1988, S.24

9) Verordnung (EWG) Nr. 2052/88 des Rates vom 24. Juni 1988, ABl. Nr. L185 vom 15.07.1988, S.9 (sog. Rahmenverordnung); Verordnung (EWG) Nr. 4253/88 des Rates vom 19. Dezember 1988, ABl. Nr. L374 vom 31.12.1988, S.1 (sog. Koordinierungsverordnung); Verordnung (EWG) Nr. 4254/88 des Rates vom 19. Dezember 1988, a.a.O., S.15 (Regionalfondsverordnung); Verordnung (EWG) Nr. 4255/88 des Rates vom 19. Dezember 1988, a.a.O., S.21 (Sozialfondsverordnung); Verordnung (EWG) Nr. 4256/88 des Rates vom 19. Dezember 1988, a.a.O., S.25 (Agrarfondsverordnung); Kommission der Europäischen Gemeinschaften, Leitfaden zur Reform der Strukturfonds der Gemeinschaft, Luxemburg 1989

10) Vgl. u.a. Spiekermann, B. u.a., Europäische Regionalpolitik, Empfehlungen zur Weiterentwicklung, Köln, Stuttgart, Berlin u.a. 1988; Wäldchen, P., Neuere Überlegungen zur Fortentwicklung der EG-Regionalpolitik vor dem Hintergrund der wirtschaftlichen Entwicklung von Regionen und Gemeinden. Beiträge der Akademie für Raumforschung und Landesplanung, Bd.105, Hannover 1988, S.39; von Malchus, V., Wirkungen der fortschreitenden europäischen Integration auf Regionen und Gemeinden, a.a.O., S.11; Spiekermann, B., Künftige Möglichkeiten einer regionalen Strukturpolitik in der Bundesrepublik Deutschland, ebenda, S.51

11) Vgl. Art. 1-3 der Rahmenverordnung Nr. 2052/88

12) Vgl. Entscheidung der Kommission vom 21. März 1989, Abl. Nr. L112 vom 25.04.1989, S.19 (Ziel 2-Gebiete); Entscheidung der Kommission vom 10. Mai 1989, Abl. Nr. L198 vom 12.07.1989, S.1 (Ziel 5b-Gebiete)

13) Vgl. Entscheidung der Kommission vom 25.Januar 1989, ABl. Nr. L101 vom 13.04.1989, S.41 (Ziel Nr.1), Entscheidung der Kommission vom 8. März 1989, Abl. Nr. L113 vom 26.04.1989, S.29 (Ziel Nr. 2), Entscheidung der Kommission vom 10. Mai 1989, Abl. Nr. L 180 vom 27.06.1989, S.54 (Ziel Nr. 5b)

14) Vgl. Mitteilung C (88) 2510 an die Mitgliedsstaaten ABl. C 22 vom 28.01.1989, S.3

15) Vgl. Gesetz über die Gemeinschaftsaufgabe ''Verbesserung der regionalen Wirtschaftsstruktur'' vom 06. Oktober 1969 (BGBl. I, S.1861)

Michael Schulz-Trieglaff

Regionalpolitische Sonderprogramme der EG

Saarländische Erfahrungen bei Planung und Durchführung

1. Spezifische Gemeinschaftsmaßnahmen, Gemeinschaftsinitiativen und
    Pilotprojekte

Regionen im Strukturwandel wie das Saarland nehmen zur Bewältigung der notwendigen Anpassungsprozesse eine Vielzahl von Förderprogrammen in Anspruch. Von besonderer regionalpolitischer Bedeutung sind dabei die Mittel der Gemeinschaftsaufgabe ''Verbesserung der regionalen Wirtschaftsstruktur'', flankierende Landesmittel, die Finanzmittel der Gemeinschaftlichen Förderkonzepte gem. Verordnung (EWG) Nr. 20 52/88 sowie Mittel aus den verschiedenen Sonderprogrammen der EG, von denen hier die spezifischen Gemeinschaftsprogramme, Gemeinschaftsinitiativen sowie Pilotprojekte berücksichtigt werden sollen. Daneben kommt natürlich eine Vielzahl weiterer EG-Programme zum Einsatz, die aus mittelstands-, technologie- und/oder umweltpolitischen Zielvorstellungen abgeleitet wurden und die üblichen Kunstnamen wie z.B. ENVIREG, STRIDE, SPRINT tragen. Auf sie soll jedoch nicht näher eingegangen werden.

Im Saarland geht der Einsatz von EG-Sonderprogrammen auf das Jahr 1984 zurück. Im Rahmen eines Sonderprogramms für das Saarland (einschließlich der angrenzenden unterstützten Gebiete des Landes Rheinland-Pfalz) gemäß Verordnung (EWG) Nr. 26 16/80 des Rates vom 7.10.1980, geändert durch Verordnung Nr. 216/84 des Rates vom 18.1.1984 wurden insgesamt für den Zeitraum 1984-1986 rd. 59 Mio. DM zur Verfügung gestellt. Die EG beteiligte sich an diesem Programm mit rd. 29 Mio. DM aus der nicht quotengebundenen Abteilung des Regionalfonds (EFRE). Damit wurde die erste spezifische Gemeinschaftsmaßnahme für das Saarland sowie angrenzende Gebiete in der Westpfalz realisiert.

Am 27.7.1988 trat das sogenannte RESIDER-Programm in Kraft. Dabei handelte es sich um ein Sonderprogramm gemäß Verordnung (EWG) Nr. 328/88 des Rates vom 2.2.1988 zur Einführung eines Gemeinschaftsprogrammes zugunsten der Umstellung von Eisen- und Stahlrevieren. Für dieses Gemeinschaftsprogramm wurde eine Laufzeit von insgesamt 5 Jahren festgelegt, doch zunächst nur eine erste Finanzierungstranche in Höhe von 300 Mio. ECU für einen Planungszeitraum von 3 Jahren zur Verfügung gestellt. Die Kommission hat zwar in ihrer Mitteilung an den Rat vom 17.9.1987 darauf hingewiesen, daß dieser Betrag vorläufig sei und gegebenenfalls erhöht werden könne. Vorgesehen war eine Überprüfung vor Ablauf der genannten 3-Jahres-Frist. Dazu ist es jedoch nicht gekommen. Gründe sind sicherlich einmal in der günstigen Stahlkonjunktur, zum anderen aber auch in Abwicklungsschwierigkeiten zu sehen, die sich in allen 25 berücksichtigten Stahlregionen ergeben haben. Für das Saarland wurde im Rahmen der ersten Finanzierungstranche des RESIDER-Programms ein Mittelvolumen von 56 Mio. DM für die Jahre 1988 bis 1990 mobilisiert. Der Anteil des EFRE beträgt rd. 28 Mio. DM.

Im Rahmen der 1989 von der Kommission grundsätzlich beschlossenen Gemeinschaftsinitiativen hat das Saarland im Juli 1990 gemäß Mitteilung der Kommission an die Mitgliedstaaten zur Festlegung von Leitlinien für von Mitgliedstaaten auszuarbeitende Operationelle Programme im Rahmen der Gemeinschaftsinitiative zur wirtschaftlichen Umstellung von Kohlerevieren (90/C, 20/03) den Entwurf eines Operationellen Programms (RECHAR) vorgelegt. Vorgesehen ist für den Zeitraum 1990-1993 ein Fördervolumen von insgesamt rd. 39 Mio. DM. Dabei sind Mittel sowohl aus dem Regional- als auch aus dem Sozialfonds in Höhe von 18 Mio. DM eingestellt. Eine Genehmigung der Kommission, die ursprünglich noch für 1990 angekündigt worden war, steht noch aus.

Zusätzlich signalisierte die Kommission ihre Bereitschaft, für die Stadt Neunkirchen ein Pilotvorhaben nach Art. 10 der Verordnung EWG (4254/80) vom 19.12.1988 (EFRE-VO) zu unterstützen, nachdem es nicht gelungen war, Neunkirchen bei der Gebietsabgrenzung für das Ziel-2-Programm sowie das RECHAR-Programm berücksichtigen zu lassen. Das Pilotvorhaben soll von 1991-1993 durchgeführt werden und ein Fördervolumen von rd. 8 Mio. DM haben. Daran beteiligt sich der Regionalfonds mit 4 Mio. DM. Inzwischen liegt auch die offizielle Zustimmung der Kommission vor.

Nachdem die Kommission bereits Ende 1989 Regionen an den Binnengrenzen der Gemeinschaft aufgefordert hatte, kurzfristig grenzüberschreitende Projekte zur Mitfinanzierung gem. Art. 10 der EFRE-VO vorzulegen, kam es am 25.7.1990 zu dem Beschluß, eine Gemeinschaftsinitiative für Grenzgebiete (INTERREG) nach Art. 10 der Verordnung (EWG) Nr. 4253/8 und Art. 3 Abs. 2 der Verordnung (EWG) Nr. 4254/88 einzuleiten. Das Saarland bereitet dazu im Zusammenwirken mit der Region Lothringen, Luxemburg sowie Trier und der Westpfalz die entsprechenden Programmentwürfe vor, die im Frühjahr 1991 in Brüssel eingereicht werden sollen.

2. Sonderprogramme als Ergänzung regionaler Aktivitäten

Mit Hilfe der Sonderprogramme ist es in den letzten Jahren gelungen, sowohl direkt als auch indirekt erhebliche zusätzliche Mittel für die Umstrukturierung der saarländischen Wirtschaft zu mobilisieren. Insgesamt sind durch die genannten Programme rd. 162 Mio. DM zur Verfügung gestellt worden - allerdings um den Preis einer beachtlichen Komplementärfinanzierung durch das Land, die Kommunen und private Investoren. Die zum Teil sehr attraktiven Finanzierungsbedingungen des EFRE haben dabei den notwendigen politischen Druck erzeugt, um die entsprechenden Finanzmittel auf Landes- und lokaler Ebene zu mobilisieren.

Mit den Sonderprogrammen wurden regionalpolitische Instrumente angeboten, die aus saarländischer Sicht besonders gut für die Lösung regionaler Problemstellungen geeignet sind. Diese Entwicklung zeichnete sich bereits mit dem Stahlstandorteprogramm ab. Sie wurde mit den Gemeinschaftlichen Förderkonzepten der reformierten Strukturfonds sowie den Sonderprogrammen der vergangenen Jahre verstärkt.

Damit war es möglich, im Saarland Lösungsansätze zu realisieren, für die es im Rahmen der Gemeinschaftsaufgabe ''Verbesserung der regionalen Wirtschaftsstruktur'' keine oder nur unzureichende Finanzmittel gab und die das Land bei der alleinigen Finanzierung sicherlich überfordert hätten. Hervorzuheben sind insbesondere

- die Revitalisierung von aufgelassenen Flächen der Montanindustrie, für die insgesamt über Sonderprogramme rd. 73 Mio. DM bereitgestellt wurden. Damit konnte insbesondere die Revitalisierung von drei großen Stahlbrachen mit einer Ausdehnung von jeweils zwischen 60 und 90 ha in Angriff und in einem Fall nahezu zum Abschluß gebracht werden;
- der Bau von Industrie- und Gewerbeparks auf revitalisierten und/oder neuerschlossenen Flächen einschließlich der Errichtung schlüsselfertiger Werkshallen für Investoren;
- die Entwicklungsförderung für kleine und mittlere Unternehmen durch den Aufbau leistungsfähiger Strukturen in der Technologieberatung sowie für den Technologietransfer.

Im Zusammenwirken mit den Dienststellen der Kommission ist es darüber hinaus gelungen, über die Sonderprogramme innovative Lösungsansätze zu finanzieren, die auf regionaler Ebene entwickelt wurden. Als Beispiel sei hier auf die Erarbeitung einer neuen Ansiedlungskonzeption für das Saarland sowie die Errichtung einer grenzüberschreitenden Agentur ''Europäischer Binnenmarkt'' hingewiesen. Aufgabe dieser Agentur ist es, sowohl deutsche als auch französische Unternehmen bei Investitions-, Finanzierungs- und Vertriebsproblemen zu beraten. Die Fachleute der Kommission waren immer bereit, derartige Anregungen aus der Region aufzugreifen und mit einem hohen Maß an Flexibilität Realisierungschancen zu prüfen.

Ein Problem sind sicherlich die verhältnismäßig kurzen Laufzeiten der Sonderprogramme. Sie betragen in der Regel 3 Jahre und verkürzen sich häufig noch durch relativ zeitaufwendige Genehmigungsverfahren, die in Einzelfällen bis zu einem Programmjahr betragen können. Die Genehmigung liegt dann häufig erst vor, wenn das jeweilige Sonderprogramm sich bereits in der Umsetzung befinden sollte. Die Probleme sind vermutlich deswegen noch nicht in hinreichender Schärfe deutlich geworden, weil es bisher gelungen ist, durch das Aneinanderreihen unterschiedlicher Sonderprogramme faktisch verhältnismäßig lange Planungszeiträume zu schaffen. Für das Saarland konnte damit immerhin ein Zeitraum von 1984 bis vermutlich 1993 abgedeckt werden.

Allerdings bleibt zu berücksichtigen, daß sich bei den einzelnen Sonderprogrammen sachliche Schwerpunkte und Gebietskulissen verändert haben. Im übrigen wäre gerade für den Aufbau von Beratungsinstitutionen eine längerfristige Finanzierungsperspektive hilfreich.

Für die Landesverwaltung wird das Arbeiten mit einer Vielzahl sich sachlich und zeitlich überlappender Programme zunehmend ein Problem. Allein für die Erschließung von Industrie- und Gewerbeflächen (Neuerschließung und Recycling) wurden zeitweilig Mittel aus der Gemeinschaftsaufgabe ''Verbesserung der regionalen Wirtschaftsstruktur'', zweier ergänzender Landesprogramme, Mittel des Strukturhilfegesetzes, der EG-Sonderprogramme sowie Finanzmittel aus dem NPGI sowie dem Gemeinschaftlichen Förderkonzept (Ziel-2-Programm) in Anspruch genommen.

Diese ''Töpfchenwirtschaft'' wurde noch dadurch verkompliziert, daß in den einzelnen Programmen Fördertatbestände und -sätze unterschiedlich waren. Da es gerade bei Infrastrukturmaßnahmen immer wieder vorkommt, daß die kommunalen Investoren vorgegebene Realisierungszeiträume nicht einhalten können, brachte die zeitliche Streckung durch das Verschieben von einem Programm in ein anderes zusätzliche Schwierigkeiten.

Im Endeffekt war die Programmvielfalt nur noch für wenige Eingeweihte überschaubar; Regierung und Parlament waren damit der Gefahr ausgesetzt, daß ihre Entscheidungs- und

Kontrollbefugnisse immer mehr ausgehöhlt wurden. Die Tatsache, daß Entscheidungen der Kommission über vorgelegte Förderprogramme häufig in die Spätphase parlamentarischer Beratung des jeweiligen Landeshaushaltsplans fielen, verdeutlicht die zusätzlichen Koordinierungsprobleme zwischen den verschiedenen staatlichen Ebenen.

3. Fragen der Gebietsabgrenzung

Die Kommission hat für die Genehmigung von Sonderprogrammen ein zweistufiges Verfahren entwickelt, nach dem zunächst über die förderungsfähigen Regionen und in einem anschließenden zweiten Schritt über die von diesen Regionen eingereichten Programmentwürfe entschieden wird. Wie bei allen Gebietsabgrenzungen, mit denen auch eine Entscheidung über Fördermittel gefällt wird, erweist sich die Festlegung förderungsfähiger Regionen durch die Kommission als zunehmend problematisch. Einerseits wird versucht, mit Blick auf den jeweiligen regionalpolitischen Förderzweck angemessene Abgrenzungskriterien zu finden, andererseits kann ein derart "verwissenschaftlichtes" Verfahren im politischen Alltagsgeschäft häufig nicht durchgehalten werden.

Mit den jeweiligen Kriterien wird versucht, sowohl die Kapazitätsanpassung einzelner Sektoren als auch die regionale Inzidenz derartiger Prozesse zu erfassen. Darüber hinaus wurde bei der Entscheidung über das RESIDER-Programm in einem nicht genügend transparenten Verfahren auch die sozio-ökonomische Situation der Region berücksichtigt, in der das angemeldete Gebiet liegt. Bei der Gebietsauswahl für das RECHAR-Programm wurde auf den Abbau von Arbeitsplätzen im Kohlebergbau seit 1984 abgehoben. Hier wurde offenbar die Frage der Gebietsabgrenzung von vornherein mit einer bestimmten Vorstellung über die zukünftige Mittelverteilung auf einzelne Mitgliedstaaten verknüpft.

Die Abstimmungsprobleme haben sich bereits bei der Abgrenzung der Ziel-2-Gebiete gezeigt. Bei Anwendung der von der Kommission festgelegten Kriterien ergab sich ein höherer Bevölkerungsanteil als erwartet; statt des vorab festgelegten Anteils von 15 % waren es 16,8 %.

Da sich die Kommission offenbar scheute, daraufhin ihre Kriterien zu verschärfen, wurde den Mitgliedstaaten nahegelegt, von sich aus die Bevölkerungsanteile um 10 % zu vermindern. Für das Saarland bedeutete dies, daß innerhalb des ohnehin nur berücksichtigten Stadtverbandes Saarbrücken und des Landkreises Saarlouis Stadtteile bzw. Gemeinden aus der Fördergebietsliste herausgenommen werden mußten, um eine Einwohnerzahl von 57 000 "einzusparen".

Des weiteren wurde dann von der Kommission noch einmal eine Kürzung um 10 % vorgenommen, ohne dafür die vom Saarland geforderte Aufnahme der Stadt Neunkirchen zuzugestehen. Der Verdacht, daß hier vom Saarland ein Opfer gebracht werden mußte, um aus politischen Gründen eine nach den EG-Kriterien nicht förderfähige Region in einem anderen Bundesland aufnehmen zu können, wurde bis heute nicht entkräftet.

Bei dem sich zeitlich anschließenden RECHAR-Programm zeigten sich die Nachteile dieser Art von Gebietsabgrenzung in voller Schärfe. Der Versuch, nunmehr kleine räumliche Einheiten unterhalb der Verwaltungsebene 3 (NUTS III) abzugrenzen, führte zu erheblichen technischen Schwierigkeiten. Auf der regionalen Ebene war die Versuchung groß, über Austausch und Nachmeldung von selbst kleinen Gemeinden die Gebietskulisse abzurunden.

Auf seiten der Kommission gab es offenbar mit der Identifizierung und Zuordnung von Gemeinden, die z.T. Einwohnerzahlen unter 10 000 aufwiesen, erhebliche Probleme. Erschwerend kam hinzu, daß die Kommission ihre Absicht nicht aufrechterhalten konnte, das RECHAR-Programm auf die Gebietskulisse des Ziel-2-Programms zu beschränken. Vielmehr erwies es sich als notwendig, zusätzliche Gebiete für das RECHAR-Programm zu berücksichtigen und sie sozusagen nachträglich für das Ziel-2-Programm zu "qualifizieren". Für das Saarland bedeutete dies, daß nachträglich eine Bevölkerungszahl von rd. 106 000 dem Ziel-2-Gebiet zugeschlagen wurde und in einem offiziellen EG-Dokument nunmehr kleine saarländische Gemeinden wie Spiesen-Elversberg, Illingen, Merchweiler oder Quierscheid erscheinen, die vermutlich außerhalb des Saarlandes kaum jemand kennt.

Nicht gelungen ist dagegen die Berücksichtigung der Stadt Neunkirchen, für die es eine Reihe guter sachlicher Gründe gegeben hätte. Als Ausgleich wurde zwischen dem zuständigen Kommissar und dem Wirtschaftsminister des Saarlandes die gemeinsame Finanzierung eines Pilotprojektes nach Art. 10 EFRE-VO verabredet.

Faßt man die bisherigen Erfahrungen zusammen, so ist zu fragen, ob die EG-Kommission wirklich gut beraten war, auf einer derart kleinräumigen Gebietsabgrenzung zu bestehen. Es wäre sicherlich sinnvoller, hier wieder mehr in räumlichen Verflechtungen zu denken und die jeweilige Feineinstellung den regional Verantwortlichen zu überlassen. Die Kommission würde sich damit ihren politischen Handlungsspielraum sichern und mancher nicht unberechtigten Kritik an ihren bisherigen Verfahren entgehen.

4. Vollzugs- und Wirkungskontrolle

Es ist naheliegend, daß die Kommission ein zunehmendes Interesse daran hat, Vollzug und Wirkung der von ihr mitfinanzierten regionalen Förderprogramme zu kontrollieren. Ebenso verständlich ist es, daß ihr nicht daran gelegen sein kann, wie in den 70er Jahren bereits ausfinanzierte Maßnahmen nachträglich zu fördern oder auch nur haushaltspolitische Einsparungen einzelner Regionen durch ihre Finanzmittel auszugleichen. Das daraufhin von ihr formulierte Prinzip der Additionalität bedarf jedoch noch einer praktikablen Ausgestaltung. Da es bislang an einem transparenten Verfahren fehlt, entsteht der Eindruck, daß die Kommission bereit ist, jeden einigermaßen kreativen Ansatz einzelner Regionen als Nachweis zu akzeptieren. Dies führt zu Ungerechtigkeiten und ist sicherlich auf Dauer nicht durchzuhalten.

Soweit es noch nicht geschehen ist, verlangt die Kommission sicherlich zu Recht für einzelne Instrumente in den jeweiligen Programmentwürfen eine Notifizierung. Insofern bieten auch die Sonderprogramme eine willkommene Möglichkeit zu überprüfen, inwieweit die einzelnen Mitgliedstaaten ihre Notifizierungspflichten ernst genommen haben. Andererseits ergeben sich daraus beträchtliche Zeitverzögerungen, weil der Notifizierungstatbestand häufig in keinem vernünftigen Verhältnis zu dem formalen Prüfungsaufwand steht. Die Kommission scheint dies inzwischen auch erkannt zu haben und ist offenbar bereit, die Entscheidung über das Gesamtprogramm zeitlich vom Abschluß der Einzelfallnotifizierungen abzukoppeln. Sollte die Notifizierung dann doch noch zu einem negativen Ergebnis führen, so wären nachträgliche Korrekturen am Programm möglich. Dies scheint aber vertretbar zu sein.

Vollzugs- und Wirkungskontrollen versuchen üblicherweise mit quantifizierbaren Indikatoren zu arbeiten. So wird etwa im Bereich der Unternehmensberatung von der Kommission nach der Zahl von Beratungsfällen gefragt. Ein solches Vorgehen ist nicht unproblematisch. Es kommt sehr in die Nähe einer rein fiskalischen Sichtweise, die allein von der Geschwindigkeit des Mittelabschlusses auf die Qualität einer Maßnahme schließt. Da es bisher keine besseren Verfahren gibt, wird man mit diesem unbefriedigenden Ansatz vorerst leben müssen. Es bleibt zu hoffen, daß sich alle Beteiligten zumindest um ein möglichst pragmatisches Vorgehen bemühen.

Für die laufende Bewertung von Sonderprogrammen soll künftig auf die Analyse quantitativer Ergebnisse in Verbindung mit qualitativen Aspekten der Durchführung abgehoben werden. Dabei stützt sich die Bewertung auf regionale und nationale statistische Angaben sowie qualitative Analysen.

Ein eigens gebildeter ''Begleitender Ausschuß'', in dem Vertreter der EG, der nationalen Regierungen und der Regionen vertreten sind, soll Indikatoren für die finanzielle und materielle Abwicklung sowie Wirkungsindikatoren vorschlagen. Der Begleitausschuß, der für die deutschen Ziel-2-Gebiete und - beginnend mit dem RECHAR-Programm - auch für die Sonderprogramme zuständig ist, hat seine Arbeit im September 1990 aufgenommen. Sowohl für die laufende Bewertung als auch für die Ex-Post-Evaluierung wird man sich vermutlich externer Gutachter bedienen. Dabei kann die laufende Bewertung über die jeweiligen Programme finanziert werden. Für die Ex-Post-Evaluierung stehen gesonderte Mittel des EFRE zur Verfügung.

In den einzelnen Regionen werden derzeit sehr unterschiedliche Ansätze einer Vollzugs- und Wirkungskontrolle entwickelt, die der Beratende Ausschuß zu koordinieren hat. Der Bearbeitungsstand ist in den einzelnen Regionen noch unterschiedlich. Für eine kleine Region wie das Saarland mit relativ begrenztem Fördervolumen sowohl im Rahmen der Gemeinschaftlichen Förderkonzepte (rd. 40 Mio. DM für den Zeitraum von 3 Jahren) als auch der EG-Sonderprogramme wird es auch hier darauf ankommen, das Verhältnis zwischen materiellem Fördervolumen und formalem Aufwand bei der Wirkungskontrolle im Auge zu behalten.

5.   Hinweise zur Fortentwicklung der Sonderprogramme

Vor dem Hintergrund einer mehr als siebenjährigen Erfahrung mit verschiedenen regionalpolitischen Programmen der EG lassen sich folgende Hinweise für eine Fortentwicklung dieses wichtigen Instruments formulieren.

1. Die mehr grundsätzliche Frage nach der Sinnhaftigkeit von Sonderprogrammen bei problemgerechter Ausgestaltung der Gemeinschaftlichen Förderkonzepte mit entsprechender finanzieller Ausstattung ist sicherlich nicht unberechtigt, angesichts widerstreitender Interessen und des sich daraus ergebenden Zwangs zum Kompromiß aber eher theoretischer Natur.

Wenn anerkannt wird, daß die Kommission ihre politischen Vorstellungen z.B. zum Kapazitätsabbau im Montansektor vermutlich nur dann durchsetzen kann, wenn sie zumindest eine regionalpolitische Flankierung derartiger Prozesse anbietet, so ist damit die politische Notwendigkeit von Sonderprogrammen belegt. Aus der Sicht einer zumindest zweifach betroffenen

Region kann jedenfalls auf regionalpolitische Sonderprogramme der EG wegen der damit möglichen direkten und indirekten Mobilisierung von Finanzmitteln auf absehbare Zeit kaum verzichtet werden.

2. Von Vorteil wäre es allerdings, wenn die Kommission künftig derartige Programme bei aller Würdigung politischer Sachzwänge stärker von erwarteten konjunkturellen Entwicklungen abkoppeln würde, um mittelfristig stabile Planungsvorgaben zu schaffen.

3. Ebenso wäre es anzustreben, derartige Programme finanziell mit einem bestimmten Mindestvolumen auszustatten, zumindest aber bei Vorgabe einer bestimmten Programmstruktur darauf zu achten, daß in bezug auf einzelne Instrumentenpakete bestimmte Finanzvolumen nicht unterschritten werden.

4. Die Versuche einer möglichst kleinräumigen Festlegung von Gebietskulissen sollten zugunsten einer mehr wirtschaftlichen Betrachtungsweise aufgegeben werden. Die Feinabgrenzung könnte durch Vorgabe bestimmter Kriterien (z.B. Bevölkerungszahlen) den regional Verantwortlichen überlassen bleiben.

5. Die Auswahl der im Rahmen von regionalen Sonderprogrammen finanzierten Instrumente hat sich bewährt. Die Kommission sollte allerdings bereit sein, Initiativen aus den jeweiligen Regionen wie bisher konstruktiv zu begleiten und über ihre Einbeziehung in Sonderprogramme flexibel zu entscheiden.

6. Ebenso wäre es wichtig, nicht in jedem Einzelfall auf der Einhaltung einer zentral vorgegebenen Programmstruktur zu beharren. Je nach regionaler Problemlage kann es durchaus sinnvoll sein, auf einzelne Maßnahmenpakete zu verzichten, weil ihre Finanzierung aus anderen Quellen gesichert ist oder ihre Anwendung eher kontraproduktiv wirken würde.

7. Für eine laufende Wirkungskontrolle sowie eine Ex-Post-Evaluierung fehlen bislang problemadäquate Methoden. Die Einrichtung Begleitender Ausschüsse kann hilfreich sein. Die Beauftragung externer Gutachter ist dagegen nicht unproblematisch. Auf jeden Fall ist in beiden Fällen darauf zu achten, daß EG-weit gleiche Maßstäbe angelegt werden und die Kontroll- sowie Prüfverfahren auch für Außenstehende transparent bleiben.

8. Der Erfahrungsaustausch zwischen den verschiedenen förderfähigen Regionen steckt erst in den Anfängen. Die Kommission hat Seminare veranstaltet und sich an der Finanzierung sogenannter Montankonferenzen beteiligt. Auch aus der praktischen Arbeit des Ausschusses nach Art. 27 (VO 4253) ergeben sich erste Ansätze. Dies kann aber erst ein Anfang sein. Wichtig ist die Einrichtung einer zentralen Anlaufstelle, in der regionale Erfahrungen dokumentiert, ein Informationsaustausch ermöglicht und allgemein verwertbare Lösungsansätze erarbeitet werden.

HEINRICH GRÄBER / HARALD SPEHL

Die Beihilfenkontrolle der EG-Kommission und ihre Bedeutung für die nationale Fördergebietsabgrenzung

Zunächst wird die Beihilfekontrolle der EG-Kommission in bezug auf Regionalbeihilfen dargestellt und kritisch gewürdigt. Anschließend werden die Implikationen für die Förderge-bietsabgrenzung der Gemeinschaftsaufgabe ''Verbesserung der regionalen Wirtschaftsstruktur'' (GA) herausgearbeitet. Abschließend wird ein Weg aufgezeigt, wie die GA versuchen sollte, einen eigenständigen Entscheidungsspielraum bei der Festlegung des nationalen Fördergebietes zu bewahren.

1. Gesetzliche Grundlagen der Beihilfenkontrolle

Der Art. 92 Abs. 1 EWG-Vertrag (EWGV) erklärt wettbewerbsverfälschende Beihilfen mit dem Gemeinsamen Markt für unvereinbar, soweit sie den Handel zwischen den Mitgliedstaaten beeinträchtigen. Von diesem grundsätzlichen Subventionsverbot (zum Verbotscharakter vgl. PÜTTNER, SPANNOWSKY 1986, S. 142) existieren jedoch Ausnahmen. So werden u.a. nach Art. 92 Abs. 3a EWGV Beihilfen zugelassen, die in Gebieten mit einem außergewöhnlich niedri-gen Lebensstandard und erheblicher Unterbeschäftigung gewährt werden. Nach Art. 92 Abs. 3c EWGV können Beihilfen zur Förderung gewisser Wirtschaftsgebiete als mit dem gemeinsamen Markt vereinbar angesehen werden, soweit sie die Handelsbedingungen nicht in einer dem ge-meinschaftlichen Interesse zuwiderlaufenden Weise beeinträchtigen (vgl. Abb. 1).

Die Generaldirektion Wettbewerb der EG-Kommission geht davon aus, daß bei den Finanzhil-fen der GA an die gewerbliche Wirtschaft sowohl der Beihilfecharakter als auch die wettbewerbs-verfälschende Wirkung zu bejahen sind. Während der Beihilfecharakter unstrittig ist (vgl. PÜTT-NER, SPANNOWSKY 1986, S. 146 ff.), wird die wettbewerbsverfälschende Wirkung kontro-vers diskutiert.

Die Kommission unterstellt, daß Regionalbeihilfen den Wettbewerb deshalb verfälschen, weil sie den begünstigten Unternehmen Vorteile verschaffen, die andere Unternehmen in vergleich-barer Lage nicht haben. Gegen diese Ausgangsprämisse der gesamten Beihilfenkontrolle hat die GA schon frühzeitig vorgebracht, daß die Finanzhilfen - in adäquater Dosierung - gerade den Ausgleich von Standort- und Wettbewerbsnachteilen für die Wirtschaft der Förderregionen bewirken (sollen) und insofern eher einen Beitrag zur Verbesserung der Wettbewerbsbedingun-gen als eine Wettbewerbsverfälschung bewirken (vgl. STAHL 1983, S. 120).

Auch der Wirtschafts- und Sozialausschuß der EG betont, daß regionale Fördermaßnahmen, soweit sie an den Ursachen räumlicher Wettbewerbsverzerrungen ansetzen (wirtschaftsgeogra-phische Lage, Ausstattung mit natürlichen und vom Menschen geschaffenen Ressourcen, Siedlungs-, Produktions- und Infrastruktur) und entsprechend der Intensität der regionalen Pro-bleme differenziert sind, im allgemeinen nicht wettbewerbsverzerrend, sondern richtig differenziert im Gegenteil Instrumente zur Korrektur vorhandener Verzerrungen darstellen (WIRT-SCHAFTS- UND SOZIALAUSSCHUSS DER EG 1986, S.1).

Selbst die Generaldirektion Wettbewerb räumt in ihrer Mitteilung über die Methode zur Anwendung der Beihilfeartikel des EWGV vom 12.8.1988 (KOMMISSION DER EG 1988c) ein, daß Standortnachteile und Infrastrukturschwächen Belastungen sind, die die Wettbewerbsfähigkeit der in den Regionen angesiedelten Unternehmen nachhaltig beschneiden können und unter gewissen Umständen sogar Betriebsbeihilfen zulassen.

Abb. 1: Prüfverfahren der Beihilfekontrolle im Überblick

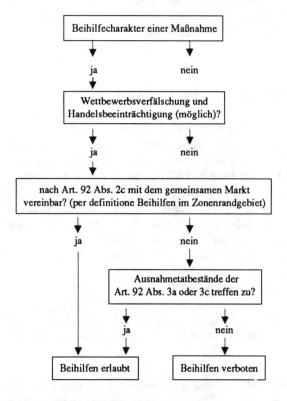

Diese Sichtweisen von Regionalbeihilfen sind jedoch nur vordergründig ähnlich. Während die Argumente der GA auf gleiche Wettbewerbsbedingungen im nationalen Rahmen abstellen, haben die Kommission und (wahrscheinlich) der Wirtschafts- und Sozialausschuß die supranationalen Wettbewerbsbedingungen im Auge. Zudem ist die Argumentation der Kommission nicht von der Hand zu weisen, daß eine genaue Entsprechung von Standort- und Wettbewerbsnachteilen und finanzieller Förderung nicht möglich erscheint und daß die den begünstigten Unternehmen gewährten Finanzhilfen deren Stellung gegenüber ihren Wettbewerbern auf EG-Ebene verstärken (vgl. KOMMISSION DER EG 1987c, S. 21).

Zusammenfassend muß also auch der zumindest potentiell mögliche wettbewerbsverzerrende Effekt von Regionalbeihilfen bejaht werden. Damit sind die Voraussetzungen für die Beihilfeaufsicht der Kommission erfüllt. Diese Aufsicht erstreckt sich nun nicht nur auf konkrete Beihilfefälle, sondern auch auf die Prüfung von Beihilfesystemen. Dementsprechend muß der Rahmenplan der GA jährlich von der EG-Kommission notifiziert und gebilligt werden.

2. Zeitliche Entwicklung der Beihilfenkontrolle

Die Formulierungen der Ausnahmebestimmungen des Art. 92 Abs. 3a und 3c eröffnen der Kommission einen gewissen Ermessensspielraum ("außergewöhnlich", "erheblich", "gemeinschaftliches Interesse"), der in der Anwendung dieser Bestimmungen zu erheblichen Konflikten zwischen Kommission und Nationalstaaten geführt hat. Mit Beginn der 80er Jahre kam es zu zunehmenden Beanstandungen der Kommission an Intensität und Umfang der Regionalpolitik in den "reichen" Zentralstaaten. Für diese Entwicklung sind verschiedene Gründe anzuführen:

- die Verbesserung der regionalstatistischen Datenbasis und hier insbesondere die Ausweitung der Datenbasis auf die sog. Niveau-III-Regionen (in der Bundesrepublik z.B. die Kreise; vgl. EUROSTAT 1986) ermöglichen es überhaupt erst, die nationalen Fördergebiete in einen Gemeinschaftszusammenhang zu stellen,

- das Konvergenz- und Kohäsionsziel und die zur Erreichung dieser Ziele als notwendig angesehene Koordinierung der nationalen Regionalpolitiken werden in den verschiedenen Dokumenten und Programmen der EG stärker verankert,

- die Disparitäten auf EG-Ebene verschärfen sich durch die Süderweiterung erheblich.

Eventuell haben es die Nationalregierungen der Zentralstaaten auch versäumt, frühzeitig auf eine unter Umständen auch gerichtliche Klärung des Umfanges dieses Ermessensspielraumes der Kommission zu drängen. Die Eingriffe in die nationalen Handlungsspielräume, die so zunächst relativ gering und harmlos erschienen, wurden damit unter Umständen weiter ermuntert. Die Regierungen haben es evtl. auch versäumt, zwischen der Aufstockung der Mittel für den EFRE, die ja den "reichen" Zentralstaaten kaum zugute kommt, und der Eigenständigkeit der nationalen Regionalpolitik eine Art politisches Junktim herzustellen.

So gab es eine Reihe von Verfahren und Verbotsentscheidungen gegen einige Arbeitsmarktregionen des Fördergebietes der GA und gegen Fördergebiete der Bundesländer (zum methodischen Verfahren vgl. unten). Auf Intervention der EG-Kommission wurde schon 1983 das Normalfördergebiet der GA verringert; neuerliche Überprüfungen und Beanstandungen an den Rahmenplänen 14 bis 17 führten schließlich zu weiteren Reduzierungen der Förderkulisse zum 1.1.1988 bzw. zum 1.1.1990. Es bedurfte dabei erheblicher Anstrengungen, um zumindest diejenigen Regionen aus dem Fördergebiet entlassen zu können, die nach der bundesdeutschen Abgrenzungsmethode am relativ besten abschnitten. Für die Zeit nach 1990 verlangt die Kommission eine weitere Einschränkung des Förderumfanges.

Die Förderbedürftigkeit der Regionen wird von der Generaldirektion Wettbewerb dabei nach Kriterien beurteilt, die weder mit den Abgrenzungskriterien der Generaldirektion Regionalpolitik noch mit den nationalen Förderkriterien kompatibel sind. Das Prüfverfahren der Kommission war zudem in der ersten Hälfte der 80er Jahre wenig transparent und von daher vom Ergebnis kaum prognostizierbar; Arbeitsmarktregionen, die bei der Überprüfung des n-ten Rahmenplanes beanstandet wurden, hatten so z.B. beim n+1-ten Rahmenplan keine Probleme und vice versa.

Im Laufe der 80er Jahre ist das Verfahren der Kommission transparenter geworden (vgl. dazu DUESBERG, WALTHER 1983; SABATHIL 1987, S. 15ff; KLEMMER 1986, S. 113ff.; STAHL 1986, S. 798ff.; BUNDESMINISTERIUM FÜR WIRTSCHAFT 1987, S. 33ff.).

Die Darstellung beschränkt sich auf den neuesten Stand des Prüfverfahrens, wie er im Sommer 1988 im Amtsblatt der EG veröffentlicht wurde (KOMMISSION DER EG 1988 c), und verzichtet darauf, die "Entwicklungsgeschichte" dieses Prüfverfahrens nachzuvollziehen (vgl. dazu die o.a. Quellen). Die Tatsache der erstmaligen Veröffentlichung läßt darauf schließen, daß die Kommission ihr Verfahren nun für ausgereift hält und mittelfristig wohl keine größeren Änderungen zu erwarten sind.

3. Aktuelles Prüfverfahren nach Art. 92 Absatz 3a und 3c EWG-Vertrag - Darstellung und kritische Würdigung

3.1 Prüfmethode nach Art. 92 Absatz 3a

Wie eingangs erwähnt, kann die Kommission für Regionalbeihilfen Ausnahmen von dem allgemeinen Beihilfeverbot gewähren, wenn die Ausnahmebestimmungen des Art. 92 Abs. 3a - Beihilfen für Gebiete mit außergewöhnlich niedriger Lebenshaltung und erheblicher Unterbeschäftigung - bzw. des Art. 92 Abs. 3c - Beihilfen zur Förderung der Entwicklung bestimmter Wirtschaftsgebiete, soweit sie die Handelsbedingungen nicht in einer dem gemeinsamen Interesse zuwiderlaufenden Weise verändern - gegeben sind.

Die Kommission verwendet für diese beiden Ausnahmebestimmungen unterschiedliche Prüfmethoden, die im folgenden kurz dargestellt werden.

Abbildung 2 gibt einen Überblick über die Prüfmethode nach Art. 92 Abs. 3a. Die Kommission verwendet hier als zentrales Beurteilungskriterium das Bruttosozialprodukt pro Kopf der Bevölkerung gemessen in Kaufkraftstandards. Regionale Einheiten sind die sog. Niveau-III-Regionen (N=822 EG12). Eine Region wird dann als ein Gebiet mit außergewöhnlich niedrigem Lebensstandard und erheblicher Unterbeschäftigung betrachtet, wenn sie in einer Niveau-II-Region liegt, bei der die Mehrzahl der Regionen einen Schwellenwert von 75 (EG=100) nicht überschreitet.

Bei Anwendung dieser Methode werden die Länder Griechenland, Irland und Portugal, zahlreiche Regionen in Italien und Spanien sowie Nordirland und die Überseedepartements Frankreichs erfaßt.

Die Kritik an diesem Prüfverfahren kann knapp ausfallen, da die GA offensichtlich nicht betroffen ist. Abgesehen von begrifflichen Unschärfen - es muß wohl Bruttoinlandsprodukt statt -sozialprodukt heißen, oder wie will die Kommission für die Niveau-III-Regionen ein Inländerprodukt berechnen - ist die Prüfmethode geeignet, die im Gemeinschaftsrahmen besonders benachteiligten Gebiete zu ermitteln. Natürlich kann man sich zu Recht fragen, warum sich die Generaldirektion Wettbewerb dabei nicht der Indikatoren ihrer Kollegen von der "Fach"-Abteilung Regionalpolitik bedient, aber dies ist wohl eher ein EG-internes Problem. Die Verwendung des EG-Durchschnittes als Beurteilungsgrundlage ist juristisch umstritten (vgl. PÜTTNER 1986, S. 184, und die dort angegebene Literatur); da jedoch in dem anderen Prüfverfahren nach Art. 92 Abs. 3c auch der nationale Durchschnitt verwendet wird und die Kommission mit den beiden Ausnahmebestimmungen unterschiedliche Schweregrade der regionalen Benachteiligung erfassen will, erscheint diese Vorgehensweise durchaus sinnvoll zu sein.

Eine "Innovation" der Kommission ist die Beurteilung von Regionen im Zusammenhang mit der Situation einer hierarchisch höheren regionalen Ebene. Liegt eine vergleichsweise günstige Region in einem ansonsten rückständigen Gebiet, so kann sie dennoch als Region nach Art. 92 Abs. 3a eingestuft werden. Diese Regelung läßt sich auch als Förderung von Wachstumspolen interpretieren, denen man eine wichtige Bedeutung für die Entwicklung der Umlandregionen zumißt.

Abb. 2: Prüfmethode nach Art. 92 Abs. 3a EWG-Vertrag für Beihilfen mit regionaler Zielsetzung in Gebieten mit außergewöhnlich niedrigem Lebensstandard und erheblicher Unterbeschäftigung

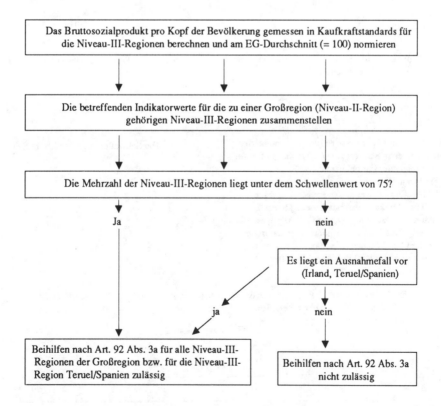

Die GA könnte diesen letzten Baustein der Prüfmethode unter Umständen übernehmen, wenn sie sich entschließt, ein zweistufiges, hierarchisch gegliedertes Raster von Arbeitsmarktregionen zu verwenden.

3.2 Darstellung der Prüfmethode nach Art. 92 Absatz 3c

Die Prüfmethode nach Art. 92 Abs. 3 ist in Abbildung 3.3 dargestellt. Sie ist erheblich komplizierter als die Methode nach Art. 92 Abs. 3a und läßt sich in zwei Prüfschritte unterteilen.

Abb. 3: Prüfmethode nach Art. 92 Absatz 3c) EWG-Vertrag für Beihilfen zur Förderung der Entwicklung bestimmter Wirtschaftsgebiete

Prüfschritt 1

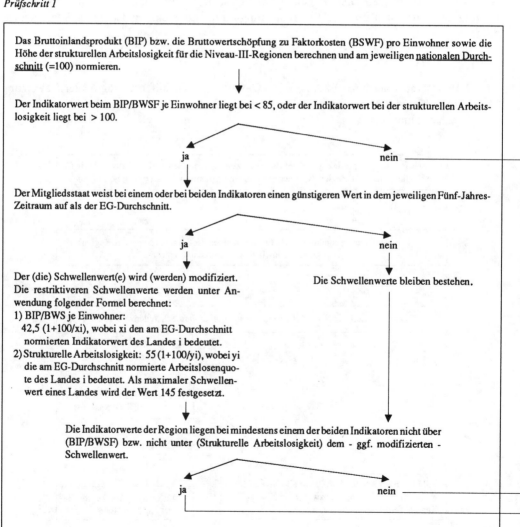

Das Bruttoinlandsprodukt (BIP) bzw. die Bruttowertschöpfung zu Faktorkosten (BSWF) pro Einwohner sowie die Höhe der strukturellen Arbeitslosigkeit für die Niveau-III-Regionen berechnen und am jeweiligen <u>nationalen Durchschnitt</u> (=100) normieren.

Der Indikatorwert beim BIP/BWSF je Einwohner liegt bei < 85, oder der Indikatorwert bei der strukturellen Arbeitslosigkeit liegt bei > 100.

ja — nein

Der Mitgliedsstaat weist bei einem oder bei beiden Indikatoren einen günstigeren Wert in dem jeweiligen Fünf-Jahres-Zeitraum auf als der EG-Durchschnitt.

ja — nein

Der (die) Schwellenwert(e) wird (werden) modifiziert. Die restriktiveren Schwellenwerte werden unter Anwendung folgender Formel berechnet:
1) BIP/BWS je Einwohner:
   42,5 $(1+100/x_i)$, wobei x_i den am EG-Durchschnitt normierten Indikatorwert des Landes i bedeutet.
2) Strukturelle Arbeitslosigkeit: 55 $(1+100/y_i)$, wobei y_i die am EG-Durchschnitt normierte Arbeitslosenquote des Landes i bedeutet. Als maximaler Schwellenwert eines Landes wird der Wert 145 festgesetzt.

Die Schwellenwerte bleiben bestehen.

Die Indikatorwerte der Region liegen bei mindestens einem der beiden Indikatoren nicht über (BIP/BWSF) bzw. nicht unter (Strukturelle Arbeitslosigkeit) dem - ggf. modifizierten - Schwellenwert.

ja — nein

Im ersten Prüfschritt wird für die Niveau-III-Regionen das Bruttoinlandsprodukt (BWS) je Einwohner sowie die Höhe der strukturellen Arbeitslosigkeit (AL) berechnet und am jeweiligen nationalen Durchschnitt normiert. Als Schwellenwert für die Förderungsbedürftigkeit wird zunächst ein Wert von 85 (BIP/BWS) bzw. 110 (AL) verwendet. Diese Schwellenwerte werden jedoch verschärft, wenn der jeweilige Nationalstaat im Gemeinschaftsrahmen günstigere Indikatorwerte aufweist. Je besser die Lage eines Landes im Gemeinschaftsrahmen, desto größer müssen damit die regionalen Disparitäten im nationalen Rahmen sein, um in diesem ersten Prüfschritt als beihilfeberechtigt anerkannt zu werden. Die exakten Rechenformeln sind der Abbildung 3 zu entnehmen.

Die Entscheidung des ersten Prüfschrittes kann nun in dem zweiten Prüfschritt, indem weitere "aussagefähige" Indikatoren zur sozio-ökonomischen Situation einer Region (vgl. Abb. 3)

Prüfschritt 2

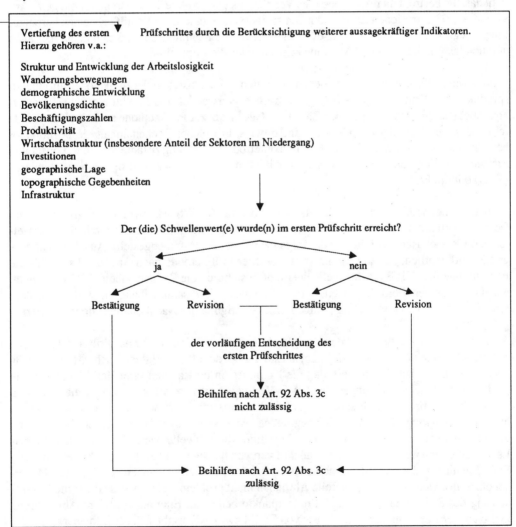

Vertiefung des ersten Prüfschrittes durch die Berücksichtigung weiterer aussagekräftiger Indikatoren. Hierzu gehören v.a.:

Struktur und Entwicklung der Arbeitslosigkeit
Wanderungsbewegungen
demographische Entwicklung
Bevölkerungsdichte
Beschäftigungszahlen
Produktivität
Wirtschaftsstruktur (insbesondere Anteil der Sektoren im Niedergang)
Investitionen
geographische Lage
topographische Gegebenheiten
Infrastruktur

Der (die) Schwellenwert(e) wurde(n) im ersten Prüfschritt erreicht?

ja — nein

Bestätigung — Revision — Bestätigung — Revision

der vorläufigen Entscheidung des ersten Prüfschrittes

Beihilfen nach Art. 92 Abs. 3c nicht zulässig

Beihilfen nach Art. 92 Abs. 3c zulässig

verwendet werden, revidiert werden. Selbst wenn eine Region die Schwellenwerte des ersten Prüfschrittes erfüllt, kommt sie nicht in jedem Falle für die Gewährung einer staatlichen Beihilfe in Frage. Umgekehrt ist es möglich - insbesondere in Fällen, in denen Regionen die Schwellenwerte des ersten Prüfschrittes nur unwesentlich über- bzw. unterschreiten -, daß auch zusätzliche Regionen in den Kreis der für staatliche Beihilfen in Frage kommenden Regionen aufgenommen werden.

Die kritische Würdigung dieses Prüfverfahrens soll nach verfahrenssimmanenten und grundsätzlichen Kritikpunkten unterschieden werden.

3.3   Verfahrensimmanente Kritikpunkte an der Prüfmethode nach Art. 92 Absatz 3c

Zunächst ist es anerkennenswert, daß die Kommission ihre Prüfmethode überhaupt veröffentlicht hat. Sie bestrebt damit, ein besseres Verständnis und größere Transparenz für die gem. Art. 92 und Art. 93 getroffenen Entscheidungen zu nationalen regionalen Beihilfesystemen herbeizuführen (vgl. KOMMISSION DER EG 1988c, S.2). Die Kommission muß sich dann aber auch gefallen lassen, daß man ihre Methode kritisch unter die Lupe nimmt.

Im ersten Prüfschritt wird neben der strukturellen Arbeitslosigkeit der Indikator Bruttoinlandsprodukt bzw. Bruttowertschöpfung je Einwohner verwendet und für ihn ein Schwellenwert errechnet (für die Bundesrepublik z.Z. 74). Im Gegensatz zur Prüfmethode nach Art. 92 Abs. 3a fehlt jedoch im Text der Kommission ein Hinweis, in welcher Recheneinheit dieser Indikator berechnet wird. Abgesehen von den Möglichkeiten der Berechnung zu laufenden bzw. konstanten Preisen und Wechselkursen kann man prinzipiell derartige Indikatoren in Kaufkraftstandards (KKS) oder in ECU berechnen.

Für diejenigen Länder, deren Schwellenwerte beim BIP/BWS je Einwohner aufgrund ihrer im Gemeinschaftsrahmen günstigen Situation verschärft wurden, sind die unterschiedlichen Schwellenwerte je nach Recheneinheit in der folgenden Tabelle zusammengestellt. Aus den Spalten 1 und 2 wird deutlich, daß die Kommission bei ihrer Prüfmethode nach Art. 92 Abs. 3c für die Bestimmung der BIP/BWS-Schwellenwerte offensichtlich die Recheneinheit ECU verwendet, um die nationalen Förderregionen in den Gemeinschaftszusammenhang zu stellen. Darüber hinaus werden die Schwellenwerte ohne Berücksichtigung der Nachkommastelle festgesetzt.

Die Kommission benutzt mit dem Vergleichsmaßstab ECU damit für das Prüfverfahren nach Art. 92 Abs. 3c einen anderen Maßstab, als sie ihn bei dem Prüfverfahren nach Art. 92 Abs. 3a verwendet. Es ist bemerkenswert, daß die Kommission im Rahmen ihrer Beihilfeaufsicht die beiden Ausnahmebestimmungen des EWG-Vertrages mit unterschiedlichen Recheneinheiten eines Indikators prüft. Es ist erstaunlich, daß die Kommission auf diese Unterschiede nicht einmal hinweist, geschweige denn, daß sie sie begründet. Die Auswirkungen dieser Vorgehensweise sind gravierend. Bei einer Verwendung von KKS würden die Schwellenwerte für die "reichen" EG-Länder erheblich weniger unter den Standardwert von 85 abgesenkt als bei der Verwendung von ECU. Für die Bundesrepublik würde sich beispielsweise ein Schwellenwert von 79,6 statt 74,8 ergeben. Selbst wenn man das generelle Abrunden nicht problematisiert, würde dies eine Heraufsetzung des Schwellenwertes um 5 Prozentpunkte bedeuten. Eine noch größere Abweichung zwischen der Berechnung auf der Basis von ECU bzw. KKS ergibt sich für Dänemark.

Tab. 1: Schwellenwerte für das BIP/BWS je Einwohner nach unterschiedlichen
Berechnungsmethoden

| Land | Schwellenwerte für das BIP/BWS je Einw. | | | BIP je Einw. | (EG=100) |
	(1)	(2)	(3)	ECU	KKS
Belgien	82	82,9	83,8	105,2	103,0
Dänemark	73	73,5	80,0	137,1	113,4
BR Deutschland	74	74,8	79,6	131,5	114,6
Frankreich	77	77,9	80,7	119,9	111,2
Luxemburg	77	77,5	76,8	121,5	123,8
Niederlande	79	79,5	81,6	114,9	108,8
Großbritannien	83	84,2	84,2	101,9	101,9

(1) die von der Kommission angewandten Schwellenwerte (vgl. Kommission der EG 1988c)
(2) eigene Berechnungen unter Verwendung des Rechenverfahrens der Kommission für den Fünfjahreszeitraum 1981-85
und unter Verwendung der Recheneinheit ECU
(3) wie (2); statt ECU wurde die Recheneinheit KKS verwendet

Quelle für (2) und (3): Eurostat 1987 (19)

Neben diesem formalen Aspekt des Wechsels in den Berechnungsgrundlagen bleibt die Frage, ob die Verwendung einer bestimmten Dimension (ECU oder KKS) sachlich geboten erscheint (zur Methode der Berechnung von Kaufkraftparitäten vgl. z.B.: EUROPÄISCHE GEMEIN-SCHAFTEN - KOMMISSION 1989).

Die Kommission möchte mit der Verschärfung des Schwellenwertes erreichen, daß die für eine Beihilfegewährung notwendiger interregionalen Disparitäten im nationalen Rahmen von der Lage des Mitgliedstaates im Vergleich zum Gemeinschaftsdurchschnitt abhängen. Je günstiger die relative Lage eines Mitgliedstaates ist, um so gravierender müssen die interregionalen Disparitäten im nationalen Maßstab sein, um die Zulässigkeit von Regionalbeihilfen zu attestieren. Damit wird die Verschärfung der Schwellenwerte aufgrund eines Wohlstandsvergleiches zwischen den Mitgliedstaaten durchgeführt. Für einen solchen Wohlstandsvergleich ist offensichtlich die Dimension KKS, mit der man den Einfluß des unterschiedlichen nationalen Preisniveaus berücksichtigen kann, adäquat. Es macht keinen Sinn, die Anforderungen an das Ausmaß nationaler interregionaler Disparitäten indirekt an der Höhe unterschiedlicher nationaler Preisniveaus auszurichten.

Auch bei dem zweiten Indikator, den die Kommission in ihrem ersten Prüfschritt verwendet, lassen sich einige Kritikpunkte vorbringen. Die Kommission spricht von ''struktureller Arbeitslosigkeit'', ohne daß sie diesen Begriff an irgendeiner Stelle näher präzisiert. Die Anwendung der Beihilfeaufsicht in der Vergangenheit und die Datenlage auf EG-Ebene lassen nur den Schluß zu, daß sie als Indikator für die Höhe der strukturellen Arbeitslosigkeit die traditionelle Arbeitslosenquote verwendet.

Es wäre auch vermessen, für kleinräumige Gebietseinheiten, wie sie die Niveau-III-Regionen darstellen, eine Zurechnungsmethode auf die verschiedenen Komponenten/Typen von Arbeitslosigkeit (saisonale, friktionelle, konjunkturelle und strukturelle Arbeitslosigkeit) zu entwickeln.

Auch bei einem Indikator "Arbeitslosenquote" stellt sich die Frage, mit welcher exakten Meßdefinition man einen nationalen Indikatorwert in den Gemeinschaftszusammenhang stellt. Gerade bei der Arbeitslosenquote sind die nationalen Berechnungsverfahren höchst unterschiedlich und von daher auf EG-Ebene kaum vergleichbar. In der Veröffentlichung der Kommission findet sich darüber kein Hinweis. Aus den Verhandlungen der Kommission mit der GA und den diesbezüglichen Dokumenten läßt sich jedoch ableiten, daß die Kommission als Datenquelle für die nationalen Arbeitslosenquoten die auf einer einheitlichen methodischen Basis aufbauende Arbeitskräftestichprobe der EG benutzt. Diese Vorgehensweise der Kommission ist zu begrüßen. Eine eigene Schwellenwertberechnung auf der Basis dieser Arbeitslosenquoten führt zu den in Tabelle 2 zusammengefaßten Ergebnissen.

Tab. 2: Schwellenwerte für die Höhe der nationalen Arbeitslosenquote nach unterschiedlichen Berechnungsmethoden[1])

Land	Kommission	eig. Berechnung Zeitraum 1983-85	eig. Berechnung Zeitraum 1983-86
Dänemark	121	121,3	127,8
BR Deutschland	136	136,9	138,8
Griechenland	128	119,6	121,3
Frankreich	118	116,0	115,0
Italien	116	117,5	115,6
Luxemburg	145*	245,0 (145)	238,6 (145)
Portugal	125	125,9	126,1

1) Diese Schwellenwerte sind inzwischen aktualisiert worden; der Schwellenwert für die Bundesrepublik beträgt z.B. z.Zt. 143.

*) maximaler, politisch gesetzter Stellenwert

Quelle: Kommission der EG 1988c, S. 7

Aus der Tabelle werden mit Ausnahme von Griechenland nur relativ geringe Abweichungen zwischen den von der Kommission veröffentlichten und den nach dem Verfahren der Kommission selbst berechneten Schwellenwerten deutlich. In bezug auf den Schwellenwert von Griechenland macht die Kommission geltend, daß die dortigen Arbeitsmarktprobleme weniger aus hohen Arbeitslosenquoten, sondern vielmehr aus einer schwierig zu erfassenden Unterbeschäftigung resultieren. Bei den sonstigen Abweichungen ist nicht feststellbar, worauf diese zurückzuführen sind. Möglicherweise hat die Kommission auch Arbeitslosenquoten von 1982 und früher in ihre Berechnung einbezogen, obwohl nach den Publikationen von EUROSTAT für diese Jahre noch keine "harmonisierten" Zahlen vorliegen (evtl. nur für den EG-internen Gebrauch).

Im zweiten Prüfschritt können - wie erwähnt - die Ergebnisse des 1. Prüfschrittes revidiert werden. Bei der Vielzahl der in diesem Prüfschritt verarbeiteten Indikatoren (vgl. Abbildung 3) werden sich immer Indikatoren finden lassen, die auf eine Förderbedürftigkeit hinweisen; genauso wird es aber auch Indikatoren für den umgekehrten Fall geben. Die Entscheidungen in diesem Prüfschritt sind insofern zwangsläufig mit einer gewissen Willkür behaftet und zudem für die betroffenen Regionen und Nationalstaaten wenig transparent und vorhersehbar.

Im Gegensatz zu früheren Äußerungen der Kommission wird der zweite Prüfschritt nun auch für diejenigen Regionen durchgeführt, welche die (normalen bzw. verschärften) Schwellenwerte des ersten Prüfschrittes erfüllt haben. Damit kommt ein zusätzliches Element der Unsicherheit und Intransparenz in das gesamte Verfahren.

3.4 Prinzipielle Kritikpunkte am Prüfverfahren nach Art. 92 Absatz 3 c

Die im vorigen Abschnitt diskutierten verfahrensimmanenten Einwände sind wichtig; sie ließen sich jedoch durch relativ einfache Modifikationen am Verfahren ausräumen. Es verbliebe dann immer noch der grundsätzliche Einwand, daß die Kommission die Förderbedürftigkeit von Regionen und damit die Voraussetzungen des Art. 92 Abs. 3c indirekt am EG-Durchschnitt festmacht.

Jede Veränderung dieses EG-Durchschnittes führt zu einer anderen Beurteilung der regional-politischen Problemlage in der Bundesrepublik. Dies soll an einigen (fiktiven) Beispielen erläutert werden:

- Ein Wirtschaftsaufschwung der südeuropäischen Länder, z.B. durch die integrierten Mittel-meerprogramme der EG ausgelöst, würde den am EG-Durchschnitt normierten Indikatorwert der Bundesrepublik absinken lassen und zu weniger restriktiven Schwellenwerten führen. Da-mit würde c.p. einer größeren Zahl von Regionen die Förderbedürftigkeit zuerkannt.

- Eine Aufnahme der Türkei in die EG würde zu einer weiteren Verschärfung der Schwellenwer-te für Länder wie die Bundesrepublik führen. Eine Aufnahme der Schweiz oder von Östereich hebt den EG-Durchschnitt an und führt zu einer Verminderung der Schwellenwerte.

- Selbst jede Aufwertung der DM im Europäischen Währungssystem führt zu einer Veränderung eines in ECU berechneten Wertschöpfungsindikators und damit zu einer Verschärfung des Schwellenwertes.

Die Beispiele zeigen deutlich, daß die Zulässigkeit von Regionalbeihilfen in dem Verfahren der Kommission nicht an die Intensität von Regionalproblemen im nationalen Maßstab, sondern zumindest teilweise an völlig sachfremde Tatbestände anknüpft.

Die Kommission hat die in dem Verfahren verwendeten Schwellenwerte in Ausübung ihres Ermessensspielraumes und unter Berücksichtigung des sog. gemeinsamen Interesses festgelegt. Sie hat in verschiedenen Publikationen durchblicken lassen, daß sie auch weitere, noch gravie-rendere Verschärfungen durch den Ermessensspielraum gedeckt sehen würde. So wird etwa im 14. Bericht über die Wettbewerbspolitik (KOMMISSION DER EG 1985, S. 189) von der Kom-mission festgestellt, daß in bezug auf die Regionalbeihilfen der zentralgelegenen Mitgliedsstaa-ten "die Tendenz zu einem weitestgehenden Beihilfenabbau gehen müsse". Dies schafft ein allgemeines Klima der Unsicherheit für die nationalen Regionalpolitiken und damit auch für die GA.

Allenthalben wird der Konstanz der Wirtschaftspolitik, der Berechenbarkeit, Verläßlichkeit und Glaubwürdigkeit das Wort geredet (vgl. KLOTEN 1988). Unsicherheiten, Instabilitäten in den mittelfristigen Rahmenbedingungen, das Hin und Her bei dem Fördergebietsstatus von Regionen u.ä.m. sind aber für eine Politik, die sich als Teil der Angebotspolitik versteht, lähmend und auf Dauer existenzgefährdend.

Die Kommission hat bei der Zustimmung zur Verhandlungslösung Bangemann-Sutherland deutlich gemacht, daß sie ab 1991 auf einer weiteren Einschränkung des Fördergebietsumfanges bestehen wird. Sie wird dann die von der GA nach deren Kriterien abgegrenzten Förderregionen mit ihrer eigenen Prüfmethode beurteilen. Die Konflikte sind vorprogrammiert; es sei denn, die GA nähert sich in ihrer Abgrenzungsmethode stark der Prüfmethode der Kommission an.

3.5 Beihilfepolitik und Gemeinschaftliches Ausgleichsziel

Bisher wurde das Prüfverfahren der Kommission ausschließlich aus der Sicht eines National-staates und hier insbesondere aus der Sicht der Bundesrepublik beurteilt. Abschließend sollen auch einige Überlegungen aus der Sicht einer gesamteuropäischen Perspektive entwickelt werden.

Die Kommission verfolgt mit ihrer Beihilfeaufsicht vor allem zwei Ziele: zum einen soll wegen des wettbewerbsverzerrenden Charakters von Beihilfen generell ein möglichst niedriges Beihil-feniveau erreicht werden, zum anderen soll das Konvergenz- und Kohäsionsziel der Gemein-schaft durch eine Orientierung der regionalen Beihilfesysteme am Schweregrad der regionalen Probleme erreicht werden. Implizit steckt hinter dieser Zielvorstellung die Annahme, daß die wirtschaftsschwächeren Regionen in der Gemeinschaft durch eine restriktive Beihilfekontrolle in den wirtschaftsstärkeren Regionen der Gemeinschaft ihre Situation verbessern können. Im Elften Bericht über die Wettbewerbspolitik der EG-Kommission findet sich beispielsweise folgende Formulierung: "Daher ist eine Straffung der Disziplin bei der Gewährung von Beihilfen erforderlich, nicht nur um die Gefahren eines Subventionswettlaufs und einer Wettbe-werbsverfälschung zu begrenzen, sondern auch um die Attraktivität der mit ernsten Schwierig-keiten kämpfenden Gebiete zur Standortwahl für Investitionen zu erhöhen" (KOMMISSION DER EG 1982a, S. 157).

Zu fragen wäre also, ob für das Konvergenz- und Kohäsionsziel der Gemeinschaft die Reduzierung der Regionalpolitik in den zentralen "reichen" Ländern überhaupt eine sinnvolle und effiziente Politik darstellt. Es wäre auch zu prüfen, ob gerade die Regionalpolitik der geeig-nete Politikbereich ist, um ein solches Konvergenzziel zu verwirklichen.

Nach den Analysen der Kommission lassen sich mehr als die Hälfte der regionalen Disparitäten in der Gemeinschaft durch die Unterschiede zwischen den Nationalstaaten "erklären" (vgl. KOMMISSION DER EG 1987b, S. 11). Es wäre von daher naheliegend und wahrscheinlich auch erfolgversprechender, wenn sich die Aktivitäten der EG-Kommission auf die Ebene der National-staaten beziehen würden.

Aber auch andere räumliche Ebenen wie z.B. die Bundesländer oder die Gemeinden wären für die Verfolgung eines europäischen Konvergenzzieles prinzipiell geeignet (vgl. ZIMMERMANN 1986, S. 93), weil auch auf diesen Ebenen bzw. für diese Ebenen regionale Ausgleichspolitik betrieben wird. Um es zu verdeutlichen: Wenn - unter dem europäischen Blickwinkel - die

Förderung der Arbeitsmarktregion Siegen verboten werden kann, ist es dann zulässig, daß ein im EG-Maßstab reiches Land wie Rheinland-Pfalz Bundesergänzungszuweisungen erhält bzw. reiche Kommunen wie Frankfurt oder Stuttgart eine aktive kommunale Wirtschaftsförderung betreiben? Für eine derartige umfassende Konvergenzpolitik fehlt es der EG jedoch an den instrumentellen Möglichkeiten.

Es scheint so, daß die Wahl der Region als Ansatzstelle für eine Konvergenzpolitik eher zufällig erfolgt und wohl vor allem darauf zurückzuführen ist, daß der Kommission mit den Wettbewerbsbestimmungen der Art. 92 - 94 EWG-Vertrag ein entsprechendes Instrument zur Verfügung steht. Die Beihilferegelungen dieser Artikel beziehen sich auf Beihilfen an Unternehmen und damit auf mögliche Wettbewerbsverzerrungen auf den Güter- und Dienstleistungsmärkten. Diese Normen beziehen sich nicht auf Zuweisungen an bestimmte regionale Einheiten (z.B. Transfers im Finanzausgleich) und damit auf mögliche Wettbewerbsverzerrungen auf dem Markt der Standorte und Standortregionen.

Plakativ formuliert: ein aus Sicht der EG sinnvolles Ziel wird unter Umständen mit einem nicht zieladäquaten Instrumentarium angestrebt. Es ist nicht auszuschließen, daß von diesem nicht zieladäquaten Instrumentarium in erheblichem Umfange (Überdosis) Gebrauch gemacht werden muß, um zumindest minimale Erfolge - auch zur Rechtfertigung der eigenen Politik - nachweisen zu können. Neben dieser unzureichenden Effizienz des Instrumenteneinsatzes könnte diese ''Überdosis'' an Restriktionen für die nationalen Regionalpolitiken der ''reichen'' Nationalstaaten aber auch die Akzeptanz des Konvergenzzieles als solches negativ beeinflussen.

Neben diesem klassischen Problem der Wirtschaftspolitik - einer Zuordnung von Instrumenten zu Zielen - läßt sich auch für die EG die Frage stellen, ob man dem angestrebten Konvergenzziel durch restriktive Eingriffe in den wirtschaftsstärkeren Regionen wirklich näherkommen kann. Nach ZIMMERMANN (1986, S. 97) wäre ''der EG am meisten gedient, wenn sie insgesamt möglichst wohlhabend ist und dementsprechend viel über ihr Budget umverteilen kann.'' Dazu müßte aber nach seiner Ansicht die Eigenförderung der wirtschaftsstarken Regionen zugelassen werden.

Hinzu kommt ein weiteres Argument, das die Eignung einer stark restriktiven Beihilfenpolitik in den zentralen, ''reichen'' EG-Staaten für das gemeinwirtschaftliche Ausgleichsziel in Frage stellt. Selbst wenn eine restriktive Beihilfekontrolle zu einer gewissen Verlagerung von wirtschaftlichen Aktivitäten in die strukturschwachen Gebiete der Gemeinschaft führen sollte, wie es sich die Kommission erhofft, so muß man die Verlagerungstendenzen in die strukturstarken Regionen auf nationaler Ebene auf jeden Fall auch in die Betrachtung einbeziehen. Es gibt auch Stimmen, die nur die letztgenannten Verlagerungstendenzen für realistisch halten (vgl. STAHL 1983, S. 126).

Unabhängig davon bleibt offen, ob man mit einer restriktiven Beihilfenpolitik in den zentralen Staaten der Gemeinschaft überhaupt dem gemeinschaftlichen Ausgleichsziel näherkommen kann. Das soll idealtypisch am Beispiel von zwei Lorenzkurven zur interregionalen Einkommensverteilung demonstriert werden (siehe Abb. 4). Die Fläche A stellt den - ausgleichspolitisch erwünschten - Einkommensgewinn dar, den die strukturschwachen Gebiete der Gemeinschaft durch die Einschränkung der Regionalförderung in den zentralen ''reichen'' EG-Staaten erreichen können; die Fläche B stellt den - ausgleichspolitisch unerwünschten - Einkommensgewinn dar, den die strukturstarken Regionen der zentralen "reichen" EG-Staaten durch eine Einschränkung der nationalen Regionalförderung erfahren.

Die beiden Lorenz-Kurven schneiden sich, eindeutige Aussagen über die Eignung dieser Politik für das gemeinschaftliche Ausgleichs- und Konvergenzziel sind damit a priori nicht möglich. Zur Abschätzung der Größenordnungen, in denen es zu diesen Einkommensänderungen kommt, müßte ein interregionales Wirkungsmodell der Regionalförderung auf EG-Ebene vorliegen, das zur Zeit noch nicht existiert.

In den bisherigen Ausführungen wurden die möglichen Konfliktlinien zwischen europäischer Regional- und Wettbewerbspolitik und nationaler Regionalpolitik herausgearbeitet. Im folgenden Abschnitt wird eine Arbeitsteilung vorgeschlagen, die diese Konflikte vermindern könnte.

Abb. 4: Idealtypische Darstellung der Wirkungen der restriktiven Beihilfepolitik in den zentralen EG-Staaten für die interregionale Einkommensverteilung auf EG-Ebene

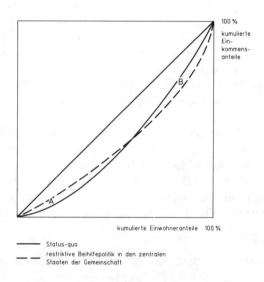

4. Regionalpolitik als Kooperationsbereich von EG und Nationalstaaten

4.1 Skizzen einer Arbeitsteilung

Der Auf- und Ausbau der Europäischen Gemeinschaften ist zwangsläufig mit Kompetenzverlusten für die nationalen Regierungen verbunden. Es ist auch ein legitimes Anliegen der EG-Regionalpolitik, daß die nationalen Regionalpolitiken die Wirkungen des EFRE nicht konterkarieren und daß insofern eine gewisse Koordinierung dieser nationalen Regionalpolitiken notwendig ist. Insgesamt ist aber eine klare regionalpolitische Aufgabenverteilung zwischen EG und Nationalstaaten nicht erkennbar. Die in den beiden vergangenen Abschnitten beschriebenen Probleme könnten bei einer solchen Aufgabenverteilung zum größten Teil vermieden werden.

Eine solche Aufgabenverteilung würde für jeden Träger - EG und Nationalstaaten - einen eigenständigen Handlungsspielraum in bezug auf Ziele, Instrumente und Aktionsräume erfordern. Es liegt bei einer solchen Arbeitsteilung nahe, daß sich die EG auf die interregionalen Disparitäten im EG-Maßstab und die nationalen Regionalpolitiken entsprechend auf die interregionalen Disparitäten im nationalen Maßstab konzentrieren (vgl. STAHL 1986, S. 800).

Durch die Festlegung eines globalen Ordnungsrahmens auf EG-Ebene und die Kontrolle der Einhaltung dieses Rahmens durch die Kommission würde eine Koordinierung der nationalen Regionalpolitiken mit der EG-Regionalpolitik gewährleistet. Je weiter nun die Befugnis der Gemeinschaft zur Begründung von Koordinierungspflichten reicht, desto einschneidender könnte der nationale Handlungsspielraum beschnitten werden. Es kann jedoch m.E. kein Zweifel daran bestehen, daß es in einem Kooperationsbereich wie der Regionalpolitik, wo sowohl nationale als auch europäische Kompetenzen bestehen und wo die Instrumente der Koordinierung, der Harmonisierung etc. angewendet werden, zu einem völligen Kompetenzverlust auf seiten der Mitgliedstaaten grundsätzlich nicht kommen darf.

Für eine solche Auffassung spricht alleine schon der Begriff ''Koordinierung''. Wenn es keine eigenständige nationale Regionalpolitik gäbe, bedürfte es keiner Koordinierung durch die EG-Kommission mehr. Für eine solche Auffassung spricht weiterhin die Präambel der EFRE-Verordnung von 1984, nach der auch die einzelstaatlichen Regionalpolitiken zu einem höheren Maß an Konvergenz der Volkswirtschaften und keiner ausgewogeneren Verteilung der Wirtschaftstätigkeit im Gebiet der Gemeinschaft beitragen. Als letztes Argument ließe sich anführen, daß die Europäischen Verträge bei aller Anerkennung von Konvergenz- und Kohäsionszielen auch die Eigenständigkeit nationaler Wirtschafts- und damit auch Regionalpolitik betonen.

Zusammenfassend läßt sich also festhalten, daß ein Kernbereich nationaler Eigenständigkeit in der Regionalpolitik gewährleistet sein muß und daß insofern kein europäisches Instrument - ob im EFRE oder in den Wettbewerbsbestimmungen verankert - zu einer Aushöhlung dieses Kernbereiches führen darf. Es stellt sich dann natürlich die Frage, wie man den Kernbereich der nationalen Eigenständigkeit stärker operational fassen kann. Entscheidungshilfen liefert hier die Theorie der Wirtschaftspolitik, aus der man die drei klassischen Elemente Ziele/Träger/Instrumente als konstitutive Elemente einer Wirtschaftspolitik ableiten kann. Für die Regionalpolitik käme als ergänzendes Element hinzu, in welchem Aktionsraum sie tätig sein möchte, wo sie also ihre Ziele mit welchen Instrumenten und welchen Trägern erreichen möchte. Es kann nach dieser Auffassung also nicht möglich sein, daß die EG im Rahmen ihrer Koordinierungskompetenzen incl. der Beihilfenaufsicht

- ihre Ziele anstelle der nationalen Ziele setzt,
- mit ihren Instrumenten den nationalen Instrumenteneinsatz behindert,
- ihre normativen Entscheidungen bzgl. der Festlegung von Förderbedürftigkeit bzw. -würdigkeit anstelle der nationalen Entscheidungen setzt.

4.2   Beihilfekontrolle und der Kernbereich nationaler Eigenständigkeit

Der oben skizzierte Kernbereich nationaler Eigenständigkeit würde bei einer strikten Anwendung des im Abschnitt 3 beschriebenen Prüfverfahrens ausgehöhlt. Dieser Sachverhalt soll anhand der folgenden Abbildung (vgl. Abbildung 5) illustriert werden.

Abb. 5:
Graphische Veranschaulichung der
Prüfmethoden von EG (1. Prüfschritt)
und Gemeinschaftsaufgabe

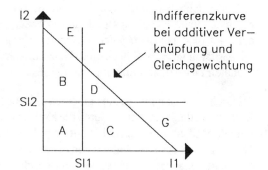

I1   Bruttowertschöpfung je Einw.
I2   Beschäftigungsquote (=1-Arbeitslosenquote)
SI1   Schwellenwert für die Bruttowertschöpfung je Einw.
SI2   Schwellenwert für die Beschäftigungsquote

Die Prüfmethode der Generaldirektion Wettbewerb läuft - unter Beschränkung auf den ersten Prüfschritt - darauf hinaus, daß alle Regionen, die einen der beiden Schwellenwerte SI1 bzw. SI2 unterschreiten, förderungswürdig im Sinne von Art. 92 Abs. 3c sind.

Die in der Vergangenheit praktizierte Abgrenzungsmethode der GA läuft im Prinzip darauf hinaus, daß für alle Regionen ein Gesamtindikator berechnet wird und die Regionen unterhalb der politisch gesetzten Förderschwelle als förderungsbedürftig definiert werden. Diese Förderschwelle kann für den Fall von nur zwei Förderindikatoren unter der Annahme der Gleichgewichtung und einer additiven Verknüpfung als Indifferenzgerade eingezeichnet werden. Zur besseren Anschaulichkeit wird dabei die Arbeitslosenquote in die Beschäftigtenquote (=1-ALQ) transformiert, damit bei beiden Indikatoren ein negativer Zusammenhang zwischen Indikatorwert und Förderbedürftigkeit besteht.

Da die Methode der GA im Gegensatz zur Methode der EG Substitutionsbeziehungen zwischen den Indikatoren zuläßt, kommt es z.T. zu anderen Zuordnungen von Regionen. Der größte Teil der Regionen würde unabhängig von der gewählten Methode als förderungsbedürftig (Flächen A, B, C) bzw. als nicht förderungsbedürftig (Fläche F) ausgewiesen. Unterschiedliche Zuordnungen ergeben sich einmal für Regionen in D, die bei beiden Indikatoren ungünstige Werte aufweisen und deshalb bei einem Gesamtindikator noch als förderungsbedürftig eingestuft werden, ohne daß sie bei einem der beiden Einzelindikatoren den kritischen Schwellenwert unterschreiten. Zum anderen sind die Flächen E und G zu nennen, bei denen zwar jeweils der kritische Schwellenwert eines Einzelindikators unterschritten wird, ohne daß dies wegen der sehr günstigen Zielrealisierung des zweiten Indikators auch beim Gesamtindikator zur Förderungsbedürftigkeit führt. Für alle Regionsgruppen lassen sich empirische Beispiele aus der letzten Neuabgrenzungsrunde anführen.

Es ist damit evident, daß das Prüfverfahren der EG die politisch gesetzten Ziele der GA-Akteure korrigiert und damit eigene normative Entscheidungen der EG-Akteure bzgl. Auswahl, Gewichtung und Substitutionsbeziehungen von Indikatoren anstelle der nationalen Entscheidungen setzt. Damit wird eindeutig in den Kernbereich nationaler Eigenständigkeit eingegriffen.

Auch der Verweis auf den 2. Prüfschritt im Rahmen der Prüfmethode nach Art. 92 Abs. 3c (vgl. Abb. 3), mit dem evtl. noch einige Regionen aus D hoffen können, von der EG als förderungsbedürftig akzeptiert zu werden, ändert diese Problematik nicht grundsätzlich.

Es ist auch zu erwarten, daß der Druck aus den Regionen bzw. Ländern zunehmen wird, die bei Anwendung der EG-Methode förderbedürftig wären (Flächen G und E) (vgl. Abb. 3.5.), die aber von der GA bei deren Gesamtindikator nicht berücksichtigt werden. Die Abgrenzungsrunde 1986 zeigt dies ganz deutlich (das von Nordrhein-Westfalen in die Diskussion gebrachte Modell C entsprach in seinen Grundzügen dem EG-Vorschlag) (vgl. HILLESHEIM, SCHÜTTE, SINZ, TETSCH 1988).

Natürlich kann die GA das Konfliktpotential mit der Beihilfeaufsicht begrenzen, wenn sie sich bei ihren eigenen normativen Entscheidungen an den Entscheidungen der Kommission orientiert. Aus wissenschaftlicher Sicht ist jede notwendige normative Setzung gleichermaßen richtig, wenn gewisse Voraussetzungen bzgl. Informationsstand, Transparenz des Verfahrens und Transparenz der Folgen für die Abgrenzungsentscheidung etc. gegeben sind.

Wie oben gezeigt wurde, könnte allein durch eine multiplikative Verknüpfung der Indikatoren die Zahl der unterschiedlich zugeordneten Regionen - allerdings nur geringfügig - verringert werden. Weitergehende Annäherungen brächte eine Kombination von Gesamtindikatoren und Einzelindikatoren mit Schwellenwerten. Je stärker sich die Schwellenwerte der GA den Schwellenwerten der EG annäherten, desto kleiner würden in Abb. 3.5 die Flächen G und E und damit die unterschiedlich zugeordneten Regionen.

Bisher wurde auf der Basis identischer Indikatoren von EG und GA diskutiert und herausgearbeitet, daß selbst bei dieser Konstellation die Prüfmethode der EG in den Kernbereich nationaler Eigenständigkeit eingreift. Dies gilt nun um so mehr, wenn man die Auswahl der zur Abgrenzung verwendeten Indikatoren als weiteren Baustein der Abgrenzungsentscheidung berücksichtigt. Im Gegensatz zu der Frage, ob Indikatoren substitutiv oder limitational zu behandelt sind, ist die Auswahl der verwendeten Indikatoren eher einer wissenschaftlichen Überprüfung zugänglich. Diesbezüglich kann gesagt werden, daß die Methode der GA aus einer Vielzahl von Gründen (Transparenz des Verfahrens, breitere Basis, Zukunftsorientierung etc.) der Methode der EG überlegen ist. Hinzu kommt aber auch hier das normative Argument: die verwendeten Förderindikatoren sind ein Spiegelbild der jeweiligen regionalpolitischen Zielsetzungen. Die strikte Anwendung der Prüfmethode der Kommission würde also auch in bezug auf die Auswahl der Indikatoren in den nationalen Handlungsspielraum eingreifen.

4.3 Ein Ordnungsrahmen auf EG-Ebene

Aus dieser Analyse wird die Schlußfolgerung gezogen, daß sich die Koordinierung der nationalen Regionalpolitiken durch die Wettbewerbs- und Regionalpolitik der EG auf die Vorgabe eines angemessenen Ordnungsrahmens zu beschränken hat und daß im Rahmen der Beihilfekontrolle des Art. 92 EWG-Vertrag lediglich die Einhaltung dieses Ordnungsrahmens geprüft werden sollte.

Zu einem solchen Ordnungsrahmen gehört zweifelsohne die Festlegung von maximalen Beihilfeintensitäten entsprechend der im EG-Maßstab ermittelten Dringlichkeit und Intensität der regionalen Problemlagen. Damit könnte auch dem Wettbewerbsaspekt direkt und explizit Rechnung getragen werden. Eine solche Festlegung existiert bereits. In den Koordinierungsgrundsätzen für staatliche Beihilfen mit regionaler Zielsetzung (erste Fassung schon 1971,

KOMMISSION DER EG 1971, S. 1, erheblich revidiert und verfeinert 1979, KOMMISSION DER EG 1979, zuletzt geändert 1987, KOMMISSION DER EG 1987d) werden die nationalen Fördergebiete der Mitgliedstaaten in vier Kategorien mit unterschiedlicher maximaler Förderintensität eingeteilt. Danach fällt das Zonenrandgebiet in die dritte Kategorie (maximale Förderintensität z.Zt. 23 %) und die sonstigen Fördergebiete in die vierte und niedrigste Kategorie (z.Zt. 18 %).

Als zweiter Teil eines solchen Ordnungsrahmens wird hier die Festlegung einer quantitativen Obergrenze (Plafondierung) für den Umfang des Fördergebietes vorgeschlagen. Bei der Festlegung dieses Plafonds sollten die Nationalstaaten gemeinsam mit der Kommission ein objektives, transparentes Verfahren vereinbaren, das auf alle Nationalstaaten angewendet werden kann und daß diese Entscheidung - ist das Verfahren einmal beschlossen - aus dem politischen bargaining-Prozeß heraushält.

Auch aus taktischen Gründen würde es sich anbieten, die Prüfmethode der Kommission (vgl. Abschnitt 3.2) zur Bestimmung dieses Plafonds zu verwenden. Allerdings wären dazu einige Modifikationen bei dem Verfahren notwendig (vgl. 3.3).

Die Ausfüllung eines solchen Ordnungsrahmens bliebe dann der nationalen Regionalpolitik und deren Institutionen überlassen. Wie die Nationalstaaten beispielsweise die mit jeder Abgrenzung verbundenen normativen Entscheidungen (Indikatorwahl, Verknüpfungsverfahren, Gewichtung etc.) lösen, würde - abgesehen von der Frage, ob sachfremde Kriterien verwendet wurden - nicht unter die Prüfungskompetenz der EG fallen. Bei einem entsprechenden Testat der EG-Kommission über die Einhaltung des Ordnungsrahmens wären dann die nationalen Beihilfen qua definitione mit dem gemeinsamen Markt vereinbar.

Der zweite Teil dieses Ordnungsrahmens existiert noch nicht. Hier könnten die "reichen", zentral gelegenen Mitgliedstaaten der EG versuchen, eine entsprechende Einigung mit der Kommission zu erreichen, wobei als "Gegenleistung" im politischen Entscheidungsprozeß eine erhebliche Aufstockung der EFRE-Mittel angeboten werden könnte. Eine solche Vereinbarung wäre eminent wichtig, um die Eigenständigkeit der bundesdeutschen Regionalpolitik im allgemeinen und die Eigenständigkeit in der Bestimmung der Fördergebiete im besonderen mittel- und langfristig zu sichern.

Literatur

Bundesministerium für Wirtschaft (BMWI) (1987): Regionale Wirtschaftsförderung in der Bundesrepublik Deutschland. Bonn.

Duesberg, P.; Walther, R. (1983): Das Verhältnis der gemeinschaftlichen Wettbewerbspolitik zur Regionalpolitik. In: Raumforschung und Raumordnung, 41, Jg. H. 1/2, S. 28-32.

Europäische Gemeinschaften-Kommission (1989): Volkswirtschaftliche Gesamtrechnungen ESVG - Aggregate 1970 bis 1987, S. 16-18. Luxemburg.

EUROSTAT (1986): Statistische Schnellberichte über die Regionen vom 25.08.1986.

Hillesheim, D.; Schütte, G.; Sinz, M.; Tetsch, F. (1988): Zur Neuabgrenzung des Fördergebietes der Gemeinschaftsaufgabe "Verbesserung der regionalen Wirtschaftsstruktur". Bonn.

Klemmer, P. (1986): Regionalpolitik auf dem Prüfstand. Köln.

Kloten, N. (1988): Vortrag vor dem Verein für Socialpolitik 1988 in Freiburg. Kurzfassung in: Deutsche Bundesbank, Auszüge aus Presseartikeln, Nr. 75, S. 6.

Kommission der Europäischen Gemeinschaften (1971): Beihilfen mit regionaler Zielsetzung. Entschließung der Kommission vom 20. Oktober 1971. In: Amtsblatt der Europäischen Gemeinschaften C 111 vom 4.11.1971.

Kommission der Europäischen Gemeinschaften (1979): Mitteilungen der Kommission über Koordinierungsgrundsätze für staatliche Beihilfen mit regionaler Zielsetzung. In: Amtsblatt der Europäischen Gemeinschaften Nr. C 31 vom 3.2.1979, S. 9.

Kommission der Europäischen Gemeinschaften (1982a): Elfter Bericht über die Wettbewerbspolitik. Brüssel, Luxemburg.

Kommission der Europäischen Gemeinschaften (1985): Vierzehnter Bericht über die Wettbewerbspolitik. Brüssel, Luxemburg.

Kommission der Europäischen Gemeinschaften (1987b): Die Regionen der erweiterten Gemeinschaft - Dritter periodischer Bericht über die sozio-ökonomische Lage und Entwicklung der Regionen in der Gemeinschaft. Zusammenfassung und Schlußfolgerung. Brüssel, Luxemburg.

Kommission der Europäischen Gemeinschaften (1987c): Entscheidung der Kommission vom 13. Februar 1986 über die Vereinbarkeit der Vergabe von regionalen Beihilfen mit dem gemeinsamen Markt in sechs nach der Gemeinschaftsaufgabe "Verbesserung der regionalen Wirtschaftsstruktur" geförderten Arbeitsmarktregionen. In: Amtsblatt der Europäischen Gemeinschaften L 12 vom 14.1.1987, S. 17-26.

Kommission der Europäischen Gemeinschaften (1988c): Mitteilung der Kommission über die Methode zur Anwendung von Artikel 92, Absätze 3a) und c), auf Regionalhilfen. In: Amtsblatt der Europäischen Gemeinschaften Nr. C 212 vom 12.8.1988, S. 2-10.

Püttner, G.; Spannowsky, W. (1986): Das Verhältnis der europäischen Regionalpolitik zur deutschen Regionalpolitik. (Schriftenreihe der Gesellschaft für Regionale Strukturentwicklung, Bd. 17). Bonn.

Sabathil, G. (1987): Die Wettbewerbskontrolle staatlicher Beihilfen, Vortrag am 9. Weser-Jade-Seminar 1987 in Bremen. Bremen.

Stahl, K. (1983): Die Bedenken der EG-Kommission gegen neuere Entwicklungen im Förderungskonzept der Bundesrepublik Deutschland aus deutscher Sicht. In: Neuere Entwicklungen der Regionalpolitik in der Bundesrepublik Deutschland, S. 123-138 (Schriften zu Regional- und Verkehrsproblemen in Industrie- und Entwicklungsländern, Bd. 36). Berlin.

Stahl, K. (1986): Der Einfluß der Europäischen Gemeinschaft auf die Ausgestaltung der regionalen Wirtschaftspolitik in der Bundesrepublik Deutschland. In: Informationen zur Raumentwicklung, 36. Jg., H. 9/10, S. 797-802.

Wirtschafts- und Sozialausschuß der EG (Hrsg.) (1986): Stellungnahme des Wirtschafts- und Sozialausschusses. In: Broicher, P.; Della Croce, L. (Berichterstatter): Staatliche Finanzhilfen für die regionale Entwicklung, Beratende Vollversammlung zur Vertretung von Wirtschaft und Gesellschaft, Brüssel.

Zimmermann, H. (1986): EG-Begrenzung für die deutsche Regionalpolitik. Ansätze und mögliche Konsequenzen einer EG-Konvergenzpolitik. In: Wirtschaftsdienst, 66. Jg., H. 2, S. 92-97.

KONRAD LAMMERS

Mehr regionalpolitische Kompetenzen für die EG im Europäischen Binnenmarkt?

1. Problemstellung

Im Zuge der Schaffung des Europäischen Binnenmarktes werden die regionalpolitischen Aktivitäten der EG-Kommission stark ausgeweitet. Grundlage dieser Bestrebungen ist der Artikel 23 der Einheitlichen Europäischen Akte, durch den der EWG-Vertrag um die Artikel 130a bis 130e ergänzt wurde. Im Jahre 1988 hat der Ministerrat auf Basis des Artikels 130d EWG-Vertrag entschieden, daß die Mittel der Strukturfonds bis zum Jahre 1992 verdoppelt werden, um regionalen Entwicklungszielen Rechnung zu tragen. Außerdem ist zu beobachten, daß seit Beginn der achtziger Jahre die EG-Kommission zunehmend Einfluß auf die Regionalpolitik der Mitgliedsstaaten durch ihr Beihilfekontrollverfahren nach Art. 92 und 93 des EWG-Vertrags nimmt; auch diese Aktivitäten werden aller Voraussicht nach intensiviert werden.

Es steht somit außer Zweifel, daß die EG ihren regionalpolitischen Einfluß im EG-Binnenmarkt vergrößern wird. Der vorliegende Beitrag beschäftigt sich mit der Frage, wie dies zu beurteilen ist. Zum einen soll geklärt werden, ob sich erweiterte regionalpolitische Aktivitäten der EG-Kommission ökonomisch begründen lassen. Zum anderen soll diskutiert werden, ob sich den verfolgten Zielen mit Hilfe der betriebenen Regionalpolitik sowie dem Beihilfekontrollverfahren adäquat Rechnung tragen läßt oder ob eine allgemeine Finanzausgleichslösung überlegen ist. Zunächst wird kurz auf Hintergrund und Ziele des Programms zur Schaffung des Binnenmarktes eingegangen.

2. Hintergrund und Ziele des EG-Binnenmarktes

Das Programm zur Vollendung des Binnenmarktes, das bis Ende 1992 verwirklicht werden soll, stellte in seiner ursprünglichen Form ein rein ökonomisches Integrationsprogramm dar. Hintergrund des Binnenmarktprogramms war die Wachstumsschwäche in Westeuropa in den siebziger Jahren und in der ersten Hälfte der achtziger Jahre. Die Arbeitslosigkeit war im Vergleich zu außereuropäischen Industrieländern stärker angestiegen, und die Beschäftigung nahm nicht oder im Vergleich zu Japan und den USA nur geringfügig zu. Westeuropa war im Standortwettbewerb um den Produktionsfaktor ''Sachkapital'' zurückgefallen. Der Anteil der EG an den Investitionen in den Industrieländern hatte seit Anfang der 70er Jahre stetig abgenommen (Siebert, 1989). Zurückgeführt wurde die mangelnde Dynamik in den westeuropäischen Ländern von vielen Ökonomen auf eine mangelnde Anpassungsfähigkeit der Wirtschaft und Gesellschaft an veränderte Rahmenbedingungen. Es wurde diagnostiziert, daß durch zu viele strukturerhaltende Subventionen, durch Außenhandelsprotektion und vor allen Dingen Regulierungen die Marktkräfte in ihrer Entfaltung gehemmt worden und Integrationsprozesse, die in den 60er Jahren große Wachstumsimpulse in der EG freigelegt hatten, zum Stillstand gekommen waren. Das Schlagwort von der ''Eurosklerosis'' (Giersch, 1985) machte die Runde. Diese Diagnose wurde von führenden Köpfen in der EG-Kommission geteilt. Vor diesem Hintergrund entstand das Weißbuch der EG-Kommission im Jahre 1985. Folgerichtig sah es als Therapie zur Überwindung der Wachstumsschwäche in der EG vor, alle wesentlichen Hemmnisse zu beseitigen, die dem freien Austausch von Waren, Diensten und Produktionsfaktoren über die innergemeinschaftlichen Grenzen hinweg im Wege standen. Die Wirtschaft in der EG sollte einem mikroökonomischen Angebotsschock ausgesetzt werden. In diesem Sinne kann das Binnenmarktprogramm als "institutionelle Innovation" oder "Schumpeterereignis" (Siebert, 1989) interpretiert werden. Eine Verschärfung des Wettbewerbs, eine effizientere Nutzung von Standortvorteilen in den einzelnen Mitgliedsländern und Skalenerträge in der Produktion und im Absatz sollten zu mehr Wachstum und Beschäftigung in Europa führen.

3. Mehr EG-Regionalpolitik und strengere Beihilfenaufsicht im EG-Binnenmarkt - ökonomisch begründet?

Vielfach wird die Auffassung vertreten, daß die Vollendung des Binnenmarktes zu mehr regionaler Ungleichheit in der EG führen wird. Regionen, die sich in der Vergangenheit als wachstumsstark erwiesen haben, wird die Fähigkeit zugesprochen, auf die Anpassungserfordernisse, die der Binnenmarkt mit sich bringt, besser reagieren und größere Vorteile aus dem Integrationsprozeß ziehen zu können als bislang wachstumsschwache Regionen[1]. Mehr regionale Ungleichheit in der EG wäre auch durch ein Zurückbleiben der peripheren Regionen in der EG, die in der Regel ein niedrigeres Pro-Kopf-Einkommen und eine höhere Arbeitslosigkeit aufweisen, denkbar; sie könnten weniger vom Binnenmarkt profitieren, weil die innergemeinschaftlichen Grenzen ihren integrationshemmenden Charakter verlieren, während die äußeren Grenzen, an denen die peripheren Regionen liegen, diese Eigenschaft behalten (These von der Grenzöde, Lösch 1940). Die "ökonomische Lage" der Binnenregionen - so diese These - verbessert sich, und die der peripheren Regionen wird schlechter[2].

Befürchtungen, daß es durch Integrationsprozesse zu einer Verschärfung regionaler Disparitäten kommt, sind durch die historische Erfahrung in der EG bislang nicht bestätigt worden (Molle, 1990). So haben die regionalen Unterschiede im Pro-Kopf-Einkommen in der Integrationsphase nach Gründung der Gemeinschaft zunächst spürbar abgenommen; diese Phase war - bedingt durch eine starke Ausweitung des Handels und erhebliche Faktorwanderungen zwischen den damaligen Mitgliedsländern - durch hohe Wachstumsraten gekennzeichnet. In den 70er und frühen 80er Jahren, in denen das Wachstum in der Gemeinschaft schwach war und der Integrationsprozeß auf der Stelle trat, haben die Einkommensunterschiede nicht weiter abgenommen, aber auch nicht zugenommen (Adlung, 1982; EG-Kommission, 1987; Krieger-Boden, 1987)[3].

Dynamische Wirtschaftsprozesse, ein hohes Integrationstempo und der Abbau von regionalen Disparitäten sind also in der Gemeinschaft bislang Hand in Hand gegangen[4]. Von daher spricht wenig für die These, daß der Abbau von Handelshemmnissen in der EG, der zu einer stärkeren Integration der Mitgliedsländer und zu einem Wachstumsgewinn führen könnte, regionale Unterschiede verstärken wird; eher scheint das Gegenteil der Fall.

Generell ist zu erwarten, daß durch den Europäischen Binnenmarkt die Karten der einzelnen Regionen im Standortwettbewerb neu gemischt werden. Hat das Binnenmarktproblem tatsächlich den Charakter einer institutionellen Innovation, so bedeutet dies, daß bislang vorherrschende regionale Wachstumsmuster Veränderungen erfahren können[5]). Manche Maßnahmen mögen insbesondere für zentral gelegene, prosperierende Regionen von Vorteil sein. Andere Maßnahmen könnten aber auch periphere und bislang wachstumsschwache Regionen besonders begünstigen. Wahrscheinlich ist z.B., daß die ausgeprägten Regulierungen im Verkehrsbereich bislang zentrumsverstärkend gewirkt haben, weil sie die Transportkosten erhöhten. Von einer Deregulierung im Straßengüter- und Luftverkehr, die im Europäischen Binnenmarkt vorgesehen ist, kann deshalb erwartet werden, daß sie insbesondere für die peripheren Regionen von Vorteil ist (Laaser, 1987). Ein weiteres kommt hinzu: Die Anpassungserfordernisse des Binnenmarktes für Regionen mögen sich zwar noch einigermaßen zuverlässig prognostizieren lassen, welche Effekte daraus aber letztlich resultieren, ist ungewiß. Es läßt sich nämlich nicht vorhersehen, wie Unternehmen, organisierte Interessen und die Wirtschaftspolitik in den Regionen auf die Herausforderungen des Binnenmarktes reagieren. Rückständige, wachstumsschwache und periphere Regionen müssen durch den Binnenmarkt nicht weiter zurückfallen, vielmehr sind im Zuge stärkerer Integration auch Aufholprozesse denkbar. Daß regionale Aufholprozesse nicht nur theoretisch denkbar, sondern für wahrscheinlich gehalten werden, zeigt folgendes: In den ''reichen'' Ländern der Gemeinschaft, insbesondere in Frankreich und der Bundesrepublik Deutschland, wird befürchtet, daß es in einem einheitlichen Binnenmarkt zur vermehrten Verlagerung von Betriebsstätten in ärmere Länder der Gemeinschaft kommt, weil dort die Arbeitskosten aufgrund weniger umfangreicher Arbeitsschutzbestimmungen und geringerer Sozialleistungen niedriger liegen. Um solche Verlagerungen zu verhindern, die die ''Sozialstandards'' in den ''reichen'' Ländern in Frage stellen könnten, wird eine Anhebung dieser Standards in den ärmeren Ländern gefordert[6]).

Zusammenfassend läßt sich sagen, daß die Prognose, im EG-Binnenmarkt fallen generell die wachstumsschwachen Regionen weiter zurück, während die bislang schon prosperierenden Regionen am meisten profitieren werden, wenig begründet erscheint. Mehr regionalpolitische Aktivitäten der EG mit größeren regionalen Disparitäten infolge des EG-Binnenmarktes zu rechtfertigen, ist somit wenig überzeugend. Aber selbst wenn die regionalen Unterschiede durch den EG-Binnenmarkt zunehmen sollten, läge keine ökonomische Begründung für regionalpolitische Interventionen zugunsten der zurückbleibenden Regionen vor. Denn dann würden jene Regionen unterstützt, in denen die Grenzproduktivität zusätzlicher Ressourcen kleiner ist als in anderen Gebieten der Gemeinschaft. Dem ursprünglichen Ziel des Binnenmarktprogramms, nämlich die Wettbewerbsfähigkeit der EG insgesamt zu stärken, würde dann entgegengewirkt.

Nun wird die These vertreten, daß es schon deshalb im Sinne einer effizienten räumlichen Allokation der Ressourcen sei, einkommensschwache, wenig verdichtete Regionen zu fördern, weil in anderen Regionen das Ballungsoptimum überschritten sei; weitere wirtschaftliche Aktivitäten wären in diesen Regionen mit negativen externen Effekten verbunden. Die Begünstigung einkommensschwacher, wenig verdichteter Regionen trüge deshalb dazu bei, über eine gleichmäßigere Verteilung wirtschaftlicher Aktivitäten im Raum die räumliche Allokation zu verbessern und das Wachstum auch aus gesamtwirtschaftlicher Sicht zu stützen[7]).

Auch diese Begründung erscheint wenig überzeugend. Zwar ist wahrscheinlich, daß es hochverdichtete, einkommensstarke Regionen gibt, in denen ein weiteres Wachstum mit hohen negativen externen Effekten verbunden ist. Nicht unwahrscheinlicher scheint aber auch die Existenz wenig verdichteter, einkommensschwacher Regionen, in denen selbst unter Berücksichtigung der Vermeidung von negativen externen Effekten in anderen Regionen die Grenzproduktivität zusätzlich eingesetzter Faktoren so gering ist, daß sich eine Förderung unter gesamtwirtschaftlichen Gesichtspunkten nicht lohnt. Hier wird ein grundsätzliches Problem sichtbar: Eine Regionalpolitik, die externen Effekten mit Hilfe von quantitativen Interventionen Rechnung tragen will, steht vor kaum lösbaren Informationsproblemen. Soll diese Politik tatsächlich zu einer effizienteren Allokation im Raum führen, so müßte zumindest annähernd sicher bekannt sein, in welchen Regionen externe Effekte in welcher Höhe mit zusätzlichen ökonomischen Aktivitäten verbunden sind. Darüber hinaus müßten zuverlässige Informationen darüber vorhanden sein, wie regionalpolitische Eingriffe wirken, damit diese so dosiert werden können, daß sie externe Effekte auszugleichen in der Lage wären. Da diese Informationen nicht vorliegen, besteht die Gefahr, daß durch quantitative Interventionen die räumliche Allokation nicht verbessert, sondern verschlechtert wird[8]).

Wichtig zur Beurteilung des Arguments, die Förderung zurückbleibender Regionen verbessere die räumliche Allokation, ist vor allem die Tatsache, daß damit nicht ursachenadäquat an der Lösung des Externalitätenproblems angesetzt wird. Viele externe Effekte in räumlicher Hinsicht sind die Folge einer unzureichenden Anlastung der Kosten der Verdichtung in den Ballungsräumen selbst. Zum Beispiel tragen in der Bundesrepublik die Regelungen der Aufgaben-, Ausgaben- und Einnahmekompetenzen von Bund, Ländern und Gemeinden ökonomischen Kriterien nur unzureichend Rechnung. Das Prinzip der räumlichen Äquivalenz von Kosten und Nutzen, das eine Voraussetzung für eine effiziente räumliche Allokation ist (Olson, 1969), wird vielfach verletzt[9]). So dürften durch den Zentralstaat subventionierte Mieten im Rahmen des sozialen Wohnungsbaus oder subventionierte Tarife im öffentlichen Nahverkehr Agglomerationstendenzen verstärken (Klemmer, 1986). Soweit räumliche Fehlentwicklungen auf solchen Faktoren beruhen, liegt nicht Markt-, sondern Politikversagen vor[10]). Regionalpolitik mit Politikversagen in anderen Bereichen zu begründen, würde auf eine Bestätigung der liberalen Ölflecktheorie hinauslaufen, nach der ökonomisch nicht gerechtfertigte Staatseingriffe (oder unterlassene gerechtfertigte Eingriffe) zwangsläufig weitere Interventionen nach sich ziehen.

Eine strengere Beihilfenaufsicht ist im europäischen Binnenmarkt aus ökonomischer Sicht grundsätzlich positiv zu beurteilen. Denn wenn der Binnenmarkt tatsächlich die Effizienzgewinne bringen soll, die von ihm erhofft werden und die seine Errichtung begründen, dann darf es nicht dazu kommen, daß die Abschaffung von Maßnahmen, die den innergemeinschaftlichen Wettbewerb auf Güter-, Dienstleistungs- und Faktormärkten verzerren, durch Beihilfen unterlaufen wird. Entgegen einer weitverbreiteten Auffassung wird der innergemeinschaftliche Handel auch durch regionale Beihilfen beeinflußt (Soltwedel et al., 1988). Um Wettbewerbsverzerrungen im Binnenmarkt zu begrenzen, ist deshalb eine Beihilfenaufsicht, die konsequent auf die Sicherung des Wettbewerbs ausgerichtet ist und sich auch auf regionale Subventionen erstreckt, unerläßlich. Im Gegensatz zur Regionalpolitik, die darin besteht, daß Finanzhilfen für private oder kommunale Investitionen in bestimmten Regionen bereitgestellt werden, ist die Beihilfenaufsicht ein öffentliches Gut, das staatliches Handeln auch aus ökonomischer Sicht rechtfertigt. Da dieses öffentliche Gut einen Ausstrahlungsbereich auf das gesamte Gebiet der Gemeinschaft hat, ist auch die Wahrnehmung dieser Aufgabe auf der EG-Ebene richtig angesiedelt.

Zuweilen wird allerdings bezweifelt, daß es zum Abbau wettbewerbsverzerrender Subventionen einer supranationalen Beihilfenaufsicht bedarf[11]). So wäre es denkbar, daß sich im Wettbewerb der Systeme jenes Land durchsetzt, welches auf Dauer am besten in der Lage ist, wirtschaftliche Effizienz zu gewährleisten. Da Subventionen in aller Regel mehr Schaden als Nutzen bringen, würde sich - so die These - auf längere Sicht jene Wirtschaftspolitik durchsetzen, die am wenigsten auf Beihilfen setzt und damit die Steuerlast oder Staatsverschuldung niedrig halten kann (Giersch, 1985). Zwei Gesichtspunkte sprechen allerdings dagegen, daß dieser Mechanismus zumindest auf kurze Sicht die Vergabe von Beihilfen wirksam einschränkt:

- Die Gewährung von Subventionen beruht in aller Regel nicht auf ökonomischen Erwägungen, sondern sie wird vielfach von einflußreichen Interessengruppen und politischen Opportunitäts- erwägungen bestimmt (Olson, 1982). Die einzelwirtschaftlichen Vorteile von Subventionen sind meist deutlicher erkennbar als die gesamtwirtschaftlichen Nachteile; deshalb können sich Partikularinteressen und (kurzfristige) politische Kalküle im Entscheidungsprozeß immer wieder zu Lasten der Steuerzahler durchsetzen (von Arnim, 1986).

- Beihilfen werden in zunehmendem Maße als wichtiges Instrument einer strategischen Handels- politik gesehen. So wird behauptet, daß es in manchen Industriezweigen möglich sei, Mono- polrenten auf Kosten des Auslands zu erzielen. Eine aktive Industriepolitik müsse die Spezia- lisierung auf diese Bereiche fördern, um die nationale Wohlfahrt zu maximieren. Mit demsel- ben Ziel werden auch Gegensubventionen gerechtfertigt, die entsprechend motivierte Subven- tionen anderer Länder abwehren sollen[12]. Zwar gibt es wichtige Argumente dafür, daß solche Maßnahmen nicht zu Wohlfahrtsgewinnen für das subventionierende Land führen[13]. Dennoch genießt die strategische Subventionspolitik in der politischen Diskussion einen hohen Stellen- wert[14].

Eine supranationale Beihilfenaufsicht im europäischen Binnenmarkt kann deshalb hilfreich sein, um Wettbewerbsverzerrungen auszuschalten und einen Subventionswettlauf in den einzel- nen Mitgliedsländern zu verhindern. Allerdings muß eine solche Beihilfenaufsicht strengen Maßstäben genügen; sie muß sich tatsächlich auf die Sicherung des Wettbewerbs beschränken und darf nicht mit politisch begründeten Zielen vermischt oder solchen sogar untergeordnet werden. Letzteres ist allerdings bei der Beihilfenaufsicht der EG-Kommission der Fall. Die Beihilfenkontrolle orientiert sich zunehmend an dem Ziel, die regionalen Unterschiede im Einkommensniveau und in der Arbeitslosigkeit auszugleichen (Krieger-Boden, 1987). Beihilfen der Mitgliedsländer für Regionen, die durch hohe Arbeitslosigkeit und geringes Einkommensni- veau im EG-Maßstab gekennzeichnet sind, werden erlaubt, während an solche in reichen Ländern strenge Maßstäbe angelegt werden. Die Rechtsgrundlage für eine unterschiedliche Behandlung von Regionalbeihilfen bildet Artikel 92 Abs. 3a EWG-Vertrag, nach denen Beihilfen mit dem gemeinsamen Markt als vereinbar angesehen werden können, wenn ''sie zur Förderung der wirtschaftlichen Entwicklung von Gebieten, in denen die Lebenshaltung außergewöhnlich niedrig ist oder erhebliche Unterbeschäftigung herrscht'', gewährt werden[15]. Damit verliert die Beihilfenkontrolle den Charakter eines öffentlichen Gutes, denn auch regionale Beihilfen verzer- ren den Wettbewerb in der EG; dies ist unabhängig davon, wie gering das Einkommensniveau und wie groß die Beschäftigungsprobleme einzelner Regionen sind (Soltwedel et. al., 1988).

Festzuhalten ist somit, daß weder die EG-Regionalpolitik noch die praktizierte Art der Beihilfenaufsicht im gemeinsamen Binnenmarkt ökonomisch begründet sind. Auch führende Köpfe in der Kommission waren offensichtlich zunächst nicht der Ansicht, daß größere regional- politische Kompetenzen notwendig seien, um einen einheitlichen Binnenmarkt in Europa zu schaffen. Im Weißbuch der Kommission aus dem Jahre 1985 findet sich jedenfalls kein Hinweis darauf, daß das Integrationsprogramm einer regionalpolitischen Flankierung bedürfe. Die Einheitliche Europäische Akte, die die gesetzlichen Grundlagen dafür geschaffen hat, daß das Binnenmarktprogramm verwirklicht werden kann, enthält allerdings neben Bestimmungen über die Schaffung des Binnenmarktes Normen über den wirtschaftlichen und sozialen Zusammenhalt der Gemeinschaft, die nunmehr Grundlage für die praktizierte und angestrebte Regionalpolitik der Gemeinschaft sind.

Artikel 130a der Einheitlichen Europäischen Akte bestimmt, daß sich die Gemeinschaft insbesondere zum Ziel setzt, den Abstand zwischen den verschiedenen Regionen und den Rückstand der am stärksten "benachteiligten" Gebiete zu verringern. Auch vom gesetzlichen Rahmen her gesehen ist die Regionalpolitik in der EG also nicht darauf gerichtet, Wachstum und Beschäftigung in der Gemeinschaft als Ganzes gesehen zu stimulieren, sondern für eine größere räumliche Gleichheit in Europa zu sorgen. Die Einheitliche Europäische Akte stellt anders als das Weißbuch nicht nur auf ökonomische Integration, sondern vor allem auf eine institutionelle Integration ab. Dies wird auch daran deutlich, daß sie neben Bestimmungen über den wirtschaftlichen und sozialen Zusammenhalt außerdem Normen über währungspolitische Befugnisse, sozialpolitische Aufgaben und Fragen der Forschungs- und Technologiepolitik enthält.

4.   Wege zum regionalen Ausgleich in der EG

Die institutionelle Integration der Gemeinschaft ist politisch gewollt. Zu dieser institutionell angestrebten Integration gehört zweifellos auch ein System der interregionalen Umverteilung zwecks Angleichung der Lebensverhältnisse. Solche Umverteilungsziele lassen sich wissenschaftlich weder begründen noch verwerfen. Einer kritischen Prüfung kann nur unterzogen werden, ob die praktizierte Regionalpolitik und Beihilfenaufsicht dazu geeignet sind, regionale Umverteilung adäquat zu betreiben, oder ob es andere Instrumente gibt, die besser dazu geeignet sind. Dieser Frage soll im folgenden nachgegangen werden.

4.1   Regionalpolitik oder Finanzausgleich?

Ein Grundsatz rationaler Wirtschaftspolitik ist, daß Verteilungsziele nicht mit Hilfe von Instrumenten der Allokationspolitik verfolgt werden sollten. Als Nachteil einer Verteilungspolitik, die sich allokativer Instrumente bedient, werden die mangelnde Zielgenauigkeit im Hinblick auf die angestrebten Verteilungsziele sowie die bewirkten Allokationsverzerrungen gesehen[16]. Diese Argumente, die in der wirtschaftswissenschaftlichen Literatur überwiegend im Zusammenhang mit personenbezogenen Verteilungszielen diskutiert werden, lassen sich auch auf räumliche Verteilungsziele übertragen (Buchanan, 1950; Scott, 1952). Wenn zugunsten bestimmter Regionen oder Länder Transfers geleistet werden sollen, dann wäre dazu ein ungebundener Finanzausgleich am besten geeignet. Ein ungebundener Finanzausgleich hat aus der Sicht der begünstigten Regionen den höchsten Nutzen, weil sie die Mittel so verwenden können, wie es ihren Präferenzen entspricht. Wenn in der EG also ein regionales Umverteilungsziel verfolgt werden soll, so könnte dies gemäß diesem Grundsatz dadurch am besten erreicht werden, wenn die reichen Regionen Mittel in gewissem Umfang für die ärmeren Regionen der Gemeinschaft aufbringen und diesen frei zur Verfügung stellen. Da unterhalb der EG-Ebene die nächstniedrigere Ebene die der Mitgliedsstaaten ist, müßten in einem hierarchisch aufgebauten föderalen

System die Mitgliedsländer Empfänger dieser Hilfen sein. Regionalpolitische Maßnahmen der EG, die zumeist in Zuschüssen für private Investitionen oder für wirtschaftsnahe Infrastrukturprojekte bestehen und durch die ein impliziter räumlicher Finanztransfer geleistet wird, könnten dann entfallen.

Gegen einen einfachen, ungebundenen Finanzausgleich als Ersatz für eigenständige regionalpolitische Maßnahmen der EG sind folgende Argumente denkbar:

- Erstens: Durch einen ungebundenen Finanzausgleich zwischen den Mitgliedsländern sei nicht sichergestellt, daß die Transfers jene Regionen erreichen, die nach Maßstäben der EG-Ebene förderbedürftig sind. Folglich wäre das regionale Konvergenzziel nicht erreichbar.
- Zweitens: Bei ungebundenen Finanzzuweisungen sei nicht gewährleistet, daß in den geförderten Regionen jene Maßnahmen durchgeführt werden, die aus der Sicht der EG-Ebene notwendig sind, um den Entwicklungsabstand zu verringern. Vor allen Dingen sei so nicht sichergestellt, daß die Transfers für Investitionen verwendet werden.
- Drittens: Ein ungebundener Finanzausgleich in der EG scheitere an Durchführungsproblemen.

Diese Argumente sind wenig überzeugend. Was den ersten Einwand anlangt, so ist sicherlich nicht auszuschließen, daß Mitgliedsländer, die Transfers erhalten, diese nicht in solche Regionen fließen lassen, die aus Sicht der EG-Ebenen am förderbedürftigsten sind. Eine gleiche regionale Zuteilung wird nur dann zustande kommen, wenn die Gebietskulisse der nach denselben Kriterien abgegrenzten förderbedürftigsten Regionen aus EG-Sicht und nationaler Sicht identisch ist. In diesem Zusammenhang stellt sich aber die Frage, warum die Kompetenz der EG größer sein sollte als die der Mitgliedsländer, regionale Problemlagen zu identifizieren und Fördergebiete zu bestimmen. Gleiche regionale Unterschiede mögen in den einzelnen Mitgliedsländern unterschiedlich bewertet und regionale Disparitäten nach verschiedenen Kennziffern ermittelt werden. Die Förderregionen auf Gemeinschaftsebene nach einem einheitlichen System zu bestimmen, bedeutet eine Mißachtung der Präferenzen der Mitgliedsstaaten. Dem regionalen Ausgleichsziel in der EG wird auch dann Rechnung getragen, wenn die Kompetenz zur regionalen Umverteilung bei den Mitgliedsstaaten selbst liegt und diese andere regionale Prioritäten setzen als die EG-Ebene. Im übrigen ist in diesem Zusammenhang bedeutsam, daß die Hälfte der regionalen Unterschiede im Einkommensniveau in der Gemeinschaft auf Disparitäten zwischen den Mitgliedsländern selbst beruhen (hinsichtlich der Unterschiede bei der Arbeitslosigkeit trägt die zwischenstaatliche Komponente sogar mehr als die Hälfte bei; vgl. EG-Kommission, 1987). Auch durch einen zwischenstaatlichen Finanzausgleich wäre also dem regionalen Gefälle Rechnung getragen.

Was das zweite Argument anlangt, so ist wahrscheinlich, daß in förderbedürftigen Regionen bei ungebundenen Transfers nicht immer jene Maßnahmen durchgeführt werden, die - aus EG-Sicht - wünschenswert wären, um regionale Entwicklungsziele zu erreichen. Die relevante Frage in diesem Kontext ist aber, ob die EG-Maßnahmen tatsächlich diejenigen wären, mit denen sich regionale Entwicklungsprozesse wirksamer in Gang setzen lassen. Die Wettbewerbsposition von Regionen läßt sich durch eine Fülle von Parametern verbessern, und es ist a priori völlig offen, welche Maßnahmen am besten geeignet sind. Da die Ursachen für regionale Entwicklungsengpässe je nach Mitgliedsland (und Region) sehr unterschiedlich sein können und auch unterschiedliche nationale Präferenzen für einzelne Instrumente bestehen dürften, spricht nichts für, sondern alles gegen eine regionalpolitische Kompetenz für die EG. Der EG regionalpolitische Befugnisse einzuräumen, heißt im Prinzip, den Mitgliedsstaaten nicht zuzutrauen, daß sie das Richtige für ihre unterentwickelten Gebiete tun[17]). Sicherlich können auch die Mitgliedsländer "falsche" regionalpolitische Konzeptionen verfolgen; durch den Wettbewerb der Mitgliedsländer untereinander ("Systemwettbewerb") bestehen aber Chancen, daß es zu Korrekturen an den Konzeptionen kommt, wenn sich die erwünschten Erfolge in einzelnen Ländern nicht einstellen[18]). Aber selbst dann, wenn Maßnahmen der EG-Regionalpolitik der nationalen Regionalpolitik hinsichtlich ihrer Wirksamkeit überlegen wären, wäre nicht sichergestellt, daß die Hilfen ihren Zweck erreichen, weil es zu Substitutionsprozessen kommt: Begünstigte Länder könnten sich bei der regionalpolitischen Aufgabe entlastet fühlen und nehmen ihre eigenen Anstrengungen zugunsten förderbedürftiger Regionen zurück. Zusätzliche regionalpolitische Aktivitäten finden dann kaum oder überhaupt nicht statt (Problem der "Additionalität" der EG-Maßnahmen)[19]).

Auch das dritte Argument, ein ungebundener Finanzausgleich in der EG scheitere an praktischen Durchführungsproblemen, ist wenig tragfähig. Das Gegenteil scheint zutreffend: Eine regionalpolitische Konzeption ist mit weit mehr Durchführungsproblemen verbunden. Sie erfordert Entscheidungen hinsichtlich der Instrumente, Programme, Gebiete und Fördermittel. Ein ungebundener Finanzausgleich verlangt hingegen "nur" Festlegungen hinsichtlich der Finanzmittel und der Kriterien, nach denen diese verteilt werden. Vergleichsweise einfach könnte ein Finanzausgleich dadurch erreicht werden, daß die einzelnen Mitgliedsländer in unterschiedlichem Umfang zu den EG-Einnahmen beitragen. Die Finanzbeiträge der Mitgliedsstaaten könnten z.B. je nach Höhe der Pro-Kopf-Einkommen der Länder gestaffelt werden[20]). Auch wäre es möglich, den einzelnen Mitgliedsländern aus den Eigeneinnahmen der EG (im wesentlichen Zölle und Agrarabschöpfungen) je nach Einkommensniveau verschieden hohe Beiträge pro Kopf der Bevölkerung zukommen zu lassen. Der Bargaining-Prozeß im politischen Raum, der bei solchen Lösungen stattfinden würde, wäre nicht aufwendiger als bei anderen Entscheidungen auf EG-Ebene mit impliziten Finanzausgleichswirkungen (z.B. bei der gemeinsamen Agrarmarktpolitik); das Ergebnis wäre aber bei weitem transparenter.

4.2   Zur Rolle der Beihilfenaufsicht

Die bislang praktizierte Form der Beihilfenaufsicht scheint kaum geeignet, das Konvergenzziel wirksam zu unterstützen. Zwei Gründe sind für diese Einschätzung maßgeblich:

- Die Beihilfenaufsicht kann bei der Verfolgung des räumlichen Konvergenzziels nur Einfluß auf die Vergabe von Beihilfen nehmen. Nationale und regionale Wachstums- oder Beschäftigungsunterschiede dürften aber nur in seltenen Fällen auf der Gewährung von Subventionen beruhen. Auch gibt es eine Vielzahl von expliziten und impliziten Finanzausgleichsmaßnahmen auf nationaler, regionaler und kommunaler Ebene, die, da sie keine Beihilfen darstellen, der Kontrolle durch die EG nicht unterliegen. Würde das Konvergenzziel nach den Maßstäben der EG-Beihilfenaufsicht wirksam verfolgt werden sollen, so müßten Finanzausgleichszahlen in reichen Ländern (z.B. in der Bundesrepublik der horizontale Finanzausgleich zwischen den Bundesländern) verboten werden, wenn dadurch Regionen Mittel erhalten, die reicher sind als der EG-Durchschnitt (Zimmermann, 1986). Streng genommen würde das Konvergenzziel sogar implizieren, einem reichen Mitgliedsstaat nicht zu erlauben, die Wachstums- und Beschäftigungsmöglichkeiten z.B. durch eine allgemeine Steuersenkung zu verbessern, sondern nur solchen Mitgliedsländern, die unter dem Gemeinschaftsdurchschnitt liegen.

- Die Beihilfenaufsicht der EG läßt sich nicht auf das regionale Konvergenzziel beschränken. Neben regionalen Zielen existieren andere, zumeist ebenfalls politisch begründete Ziele, die bei der Beihilfenkontrolle eine Rolle spielen, z.B. Forschungs- und Entwicklungsziele, Ziele in der Energiepolitik oder generell solche der Industriepolitik. Wird solchen Zielen Rechnung getragen - ihre politische Legitimation ist a priori nicht schwächer einzuschätzen als die des Konvergenzziels -, so entstehen Konsistenzprobleme; z.B. dürfte eine erlaubte Förderung durch FuE-Beihilfen in aller Regel dazu führen, daß gerade solche Regionen ihre Wettbewerbsposition verbessern, die gemessen am EG-Konvergenzziel nicht förderungswürdig sind. Nach den Kriterien der FuE-Politik würde eine sinnvolle Politik betrieben, weil die Erfolgsaussichten einer Förderung von FuE-Aktivitäten in Regionen mit hoher Humankapitalausstattung besser sind als in rückständigen Gebieten; dem räumlichen Ausgleichsziel wird aber entgegengewirkt[21]). Solche Konsistenzprobleme sind unausweichlich, wenn die Beihilfenaufsicht sich nicht auf ihre eigentliche Aufgabe beschränkt, nämlich Wettbewerbsverfälschungen jeglicher Art zu verhindern, sondern die Wettbewerbskontrolle regional-, industriepolitischen oder anderen Zielen unterwirft.

Wenn die praktizierte Beihilfenaufsicht aus den genannten Gründen auch nicht in der Lage ist, das Konvergenzziel wirksam zu erreichen, so wäre eine Beihilfenkontrolle, die strikt am Ziel der Sicherung des Wettbewerbs ausgerichtet ist, bei dem oben skizzierten Vorschlag eines ungebundenen Finanzausgleichs auf der Ebene der Mitgliedsländer sehr hilfreich. Ihre Aufgabe wäre es zu verhindern, daß der Wettbewerb der Mitgliedsländer und ihrer Regionen um mobile Ressourcen im EG-Binnenmarkt mit Subventionen erfolgt. Dann sind die Regierungen angehalten, eine Verbesserung der Wettbewerbssituation auf Wegen herbeizuführen, die nicht den Wettbewerb verfälschen (z.B. Infrastruktur-, Bildungs-, Steuerpolitik).

5.   Schlußfolgerungen

Im gemeinsamen Binnenmarkt fehlt sowohl für eine verstärkte EG-Regionalpolitik als auch für die durchgeführte Art der Beihilfenaufsicht eine ökonomische Begründung. Allerdings ist nicht zu verkennen, daß eine institutionelle Integration der EG politisch gewünscht wird und daß dazu auch ein regionales Umverteilungssystem gehört. Regionalen Umverteilungszielen in der EG könnte vergleichsweise einfach und wirksam durch einen Finanzausgleich zwischen den Mitgliedsstaaten Rechnung getragen werden[22]). Wenn es im Zuge des Binnenmarktes zu mehr interventionistischen Eingriffen auf EG-Ebene kommt (z.B. durch die EG-Regionalpolitik), besteht Gefahr, daß die Wachstums- und Beschäftigungsgewinne, die vom Binnenmarkt erwartet werden, nicht im erhofften Umfang eintreten. Was die EG braucht, ist nicht ein Mehr an Interventionen durch die supranationale Ebene, sondern institutionelle Regeln, die die ökonomische Integration in Europa fördern und somit auch den Spielraum für einen wirksamen Finanzausgleich in der EG erweitern.

Literatur

Adlung, Rudolf, Wirtschaftliche Integration und regionaler Strukturwandel, Eine theoretische und empirische Untersuchung am Beispiel der Europäischen Gemeinschaft, Bonn 1982.

Andel, Norbert, Subventionen als Instrument des finanzwirtschaftlichen Interventionismus, Tübingen 1970;
ders., "Subsidies as an Instrument of Distribution". In: Karl Häuser (Ed.), Subsidies, Tax Reliefs, and Prices, Paris 1981, S. 277-286.

Arnim, Hans H. von, "Subventionen. Von den Schwierigkeiten der Subventionskontrolle", Finanzarchiv, N.F., Vol. 44, 1986, S. 81-97.

Biehl, Dieter, "Regionale Entwicklung und Regionalpolitik in der Gemeinschaft aus föderalistischer Perspektive". In: Plädoyer für Europa, Hamburg 1989, S. 185-226.

Brander, James A./Barbara Spencer, "International R&D Rivalry and Industrial Strategy", The Review of Economic Studies, Vol. 50, 1983, S. 707-722; ders., "Export Subsidies and International Market Share Rivalry", Journal of International Economics, Vol. 18. 1985, S. 83-100.

Buchanan, James M., "Federalism and Fiscal Equity", American Economic Review, Vol. 40, 1950, S. 583-599.

Däubler, Wolfgang, "Europäischer Binnenmarkt und Gewerkschaftspolitik", Gewerkschaftliche Monatshefte, Vol. 39, 1988, H. 8, S. 459-467.

Dicke, Hugo, "Vollendung des EG-Binnenmarktes - der Versuch einer Zwischenbilanz", Die Weltwirtschaft, 1989, H. 1, S. 88-111.

Empirica, Binnenmarktstudie - Die wirtschaftlichen Auswirkungen des Binnenmarktes 1992 auf Sektoren und Regionen der Bundesrepublik Deutschland, Bonn 1989.

Giersch, Herbert, Eurosclerosis, Institut für Weltwirtschaft, Kieler Diskussionsbeiträge, 112, Oktober 1985; ders., Der EG-Binnenmarkt als Chance und Risiko, Institut für Weltwirtschaft, Kieler Diskussionsbeiträge, 147, Dezember 1988.

Helpman, Elhanan/Paul R. Krugman, Market Structure and Foreign Trade. Increasing Returns, Imperfect Competition and the International Economy, Cambridge, Mass. 1985.

Henke, Klaus-Dirk, "Neuordnung des Finanzausgleichs im föderativen System der Bundesrepublik Deutschland". In: Herbert Giersch (Hrsg.), Wie es zu schaffen ist, Agenda für die deutsche Wirtschaftspolitik, Stuttgart 1983, S. 128-151.

Klemmer, Paul, Regionalpolitik auf dem Prüfstand, Köln 1986.

Klodt, Henning/Martin Hoffmeyer/Christiane Krieger-Boden/Rüdiger Soltwedel, Forschungspolitik unter EG-Kontrolle, Kieler Studien, 220, Tübingen 1988.

Kommission der Europäischen Gemeinschaften, Die Regionen der erweiterten Gemeinschaft, Dritter periodischer Bericht über die sozio-ökonomische Lage und Entwicklung der Regionen der Gemeinschaft, Luxemburg 1987.

Krieger-Boden, Christiane, "Zur Regionalpolitik der Europäischen Gemeinschaft", Die Weltwirtschaft, 1987, H. 1, S. 82-96.

Krugman, Paul R., "The U.S. Response to Foreign Industrial Targeting", Brookings Papers on Industrial Activity, Vol. 1, 1984, S. 77-121; ders., "Konzepte der wirtschaftlichen Integration in Europa". In: Tommaso Padoa-Schioppa/Michael Emerson/Mervy King/Jean-Claude Milleron/Jean Paelinck/Lucas Papademos/Alfredo Pastor/Fritz Scharpf, Effizienz, Stabilität und Verteilungsgerechtigkeit. Eine Entwicklungsstrategie für das Wirtschaftssystem der Europäischen Gemeinschaft, Wiesbaden 1988, S. 115-141.

Laaser, Claus-Friedrich, "Regionale Aspekte der Verkehrsordnungspolitik", Die Weltwirtschaft, 1987, H. 1, S. 97-115.

Lammers, Konrad (1987a), "Die Bund-Länder-Regionalförderung - Ziele, Ansatzpunkte, ökonomische Problematik", Die Weltwirtschaft, 1987, H. 1, S. 61-81; ders. (1987b), "Institutionelle Reformen statt interventionistischer Regionalpolitik", Wirtschaftsdienst, Vol. 67, 1987, H. 8, S. 382-385; ders. (1989a), Regionalförderung und Schiffbausubventionen in der Bundesrepublik, Kieler Studien, 224, Tübingen 1989; ders. (1989b), "Gründe und Ansatzpunkte für eine Neuorientierung der Regionalpolitik". In: Gesellschaft für Regionalforschung (Hrsg.), Seminarberichte, 26, Heidelberg 1989, S. 101-116.

Lösch, August, Die räumliche Ordnung der Wirtschaft, Jena 1940.

Molle, Willem, "Will the Completion of the Internal Market Lead to Regional Divergence?" In: Horst Siebert (Ed.), The Completion of the Internal Market, Tübingen 1990, S. 174-196.

Olson, Mancur, "The Principle of Fiscal Equivalence": The Division of Responsibilities among Different Levels of Government", The American Economic Review, Vol. 59, 1969, S. 479-487; ders., The Rise and Decline of Nations, Economic Growth, Stagflation, and Social Rigidities, New Haven 1982.

Scott, Anthony D., "The Evaluation of Federal Grants", Economica, Vol. 19, 1952, S. 377-394.

Siebert, Horst, The Single European Market - A Schumpeterian Event? Institut für Weltwirtschaft, Kieler Diskussionsbeiträge, 157, November 1989.

Sinz, Manfred/Wolfgang J. Steinle, "Regionale Wettbewerbsfähigkeit und europäischer Binnenmarkt", Raumforschung und Raumordnung, 1989, H. 1, S. 10-21.

Soltwedel, Rüdiger/Adrian Bothe/Reinhart Hilgart/Christiane Krieger-Boden/Konrad Lammers, Subventionssysteme und Wettbewerbsbedingungen in der EG, Theoretische Analyse und Fallbeispiele, Kiel 1988.

Stützel, Wolfgang, "Sicherung der Sozialen Marktwirtschaft durch eine konsequente Ordnungspolitik". In: Ludwig-Erhard-Stiftung e.V. (Hrsg.), Fundamentalkorrektur statt Symptomtherapie, Stuttgart 1978, S. 19-38; ders., "Systemkonforme Sozialpolitik in der sozialen Marktwirtschaft", Wirtschaftsdienst, Vol. 60, 1980, S. 450-455.

Suntum, Ulrich van, "Regionalpolitik in der Marktwirtschaft - Fremdkörper oder notwendige Ergänzung?", Jahrbuch für Regionalwissenschaft, Vol. 5, 1984, S. 110-128.

Zimmermann, Horst, "EG-Begrenzung für die deutsche Regionalpolitik? Ansätze und mögliche Konsequenzen einer EG-Konvergenzpolitik", Wirtschaftsdienst, Vol. 66, 1986, H. 2, S. 92-97.

Anmerkungen

1) So zum Beispiel empirica (1989) und Sinz, Steinle (1989).

2) Diese These gewinnt insbesondere dann an Plausibilität, wenn sich der Binnenmarkt zu einer "Festung Europa" entwickelt. Damit ist gemeint, daß die Liberalisierung innerhalb der EG einhergeht mit mehr Abschluß und Protektion gegenüber Drittländern.

3) Zwar haben sich die regionalen Disparitäten jeweils verschärft, als die EG zunächst auf 9, dann auf 10 und schließlich auf 12 Mitgliedsländer anwuchs (EG-Kommission, 1987). Diese Zunahme der regionalen Disparitäten reflektiert den Beitritt von Ländern mit vergleichsweise niedrigem Pro-Kopf-Einkommen (und hoher Arbeitslosigkeit) und steht nicht mit den Wirkungen ökonomischer Integrationsprozesse im Zusammenhang.

4) Dies war auch der Fall bei der Süderweiterung der Gemeinschaft. Die Wachstumsraten in den Beitrittsländern Portugal und Spanien lagen in den letzten Jahren zum Teil beträchtlich über dem EG-Durchschnitt; die vergleichsweise große wirtschaftliche Dynamik in diesen Ländern dürfte zumindest zum Teil durch Integrationsprozesse in den gemeinsamen Markt bedingt sein.

5) Ob der Binnenmarkt zu einer "institutionellen Innovation" mit bedeutenden Wachstums- und Beschäftigungseffekten wird, kann allerdings bezweifelt werden. Dem steht entgegen, daß nationale Regulierungen vielfach durch Regulierungen auf EG-Ebene (Harmonisierung) abgelöst werden. Dem wirkt auch entgegen, daß die Einheitliche Europäische Akte Maßnahmen vorsieht, die eher zu einer Schwächung der Marktkräfte beitragen. Dazu gehören die geplante gemeinsame Technologiepolitik sowie die Ausweitung der regionalpolitischen Aktivitäten; vgl. Dicke (1989).

6) Vgl. z.B. Däubler (1988).

7) Vgl. z.B. Biehl (1989, S. 212 ff.).

8) Quantitative Regionalpolitik, die den Anspruch erhebt, die Allokationseffizienz zu verbessern, setzt im Grunde einen Zustand voraus, wie er im traditionellen Konzept der Wohlfahrtstheorie unterstellt ist (allerdings dort ohne Berücksichtigung der räumlichen Dimension): Weil vollkommene Konkurrenz und ein statischer Gleichgewichtszustand angenommen werden, bestehen vollständige Informationen über die Angebots- und Nachfragebedingungen auf allen Güter- und Faktormärkten in der Gegenwart und Zukunft. Da diese Bedingungen in der Realität aber nicht gegeben sind, lassen sich Abweichungen vom Pareto-Optimum nicht quantifizieren und Interventionen so dosieren, daß ein pareto-optimaler Zustand erreicht wird. Wenn externe Effekte internalisiert werden sollen, ist die Wirtschaftspolitik deshalb aufgerufen, Instrumente einzusetzen oder Regelungen zu finden, die einen geringeren Informationsbedarf als quantitative Interventionen voraussetzen. Ein solches Instrument ist z.B. in der Schaffung von Eigentumsrechten zu sehen.

9) Vgl. van Suntum (1984) oder Henke (1983).

10) Ähnlich liegen die Verhältnisse, wenn Regionalpolitik damit begründet wird, daß die Lohnkosten in peripheren Regionen zu hoch seien, weil das Arbeits- und Tarifrecht den Tarifvertragsparteien nicht genügend Anreize gibt, den regionalen Knappheitsverhältnissen auf dem Arbeitsmarkt Rechnung zu tragen. Sofern dies der Fall ist, müßten Änderungen im Rechtsrahmen vorgenommen werden, statt die Nachteile zu hoher Lohnkosten durch öffentliche Finanzmittel für die entsprechenden Regionen auszugleichen.

11) Zum folgenden vgl. auch Klodt et. al. (1988).

12) Zur theoretischen Fundierung für eine solche Subventionspolitik vgl. u.a. die Arbeiten von Helpman, Krugman (1985), Krugman (1984, 1988), Brander, Spencer (1983, 1985).

13) Eine strategische Subventionspolitik ist unter anderem nur dann erfolgversprechend, wenn hinreichend genau bekannt ist, in welchen Wirtschaftszweigen welche Monopolrenten anfallen werden und welche Länder in welchem Umfang davon profitieren bzw. belastet werden. Zudem dürfte es nicht zu einem internationalen Subventionswettlauf kommen.

14) Obwohl es unter bestimmten Annahmen Fälle geben mag, in denen eine Subventionspolitik aus nationaler Sicht die Wohlfahrt verbessert, wird auch von den Autoren, die solche Fälle aufgezeigt haben, in der Regel nicht befürwortet, eine strategische Handelspolitik zu praktizieren, weil sie in der Praxis kaum zum Erfolg führen kann; vgl. z.B. Krugmann (1984).

15) Der Artikel 92 EWG-Vertrag erlaubt im übrigen auch sektorale Hilfen und sonstige Beihilfen zur Förderung wichtiger Vorhaben (z.B. im Bereich von FuE). Die EG-Kommission hat also einen erheblichen Ermessensspielraum, ob sie solche Beihilfen zuläßt.

16) Vgl. z.B. Andel (1970, 1981) und Stützel (1978, 1980).

17) Hier gilt es, einem möglichen Mißverständnis vorzubeugen: Die Aussage, daß nichts für eine regionalpolitische Kompetenz der EG spricht, bedeutet nicht, daß Regionalpolitik von der zentralen Ebene der Mitgliedsstaaten durchgeführt werden sollte. Sie bedeutet auch nicht, daß die Regionalpolitik, die zur Zeit in den Mitgliedsstaaten durchgeführt wird, befürwortet wird. Z.B. stellt sich die Kompetenzfrage in der Bundesrepublik zwischen zentralstaatlicher Ebene und der Ebene der Bundesländer in ähnlicher Form wie zwischen der Ebene der EG und der der Mitgliedsländer. Zur Kritik an der Regionalpolitik in der Bundesrepublik vgl. Lammers (1987a, 1987b, 1989a, 1989b).

18) Die Beihilfenaufsicht der EG hätte die Aufgabe zu überwachen, daß dieser Wettbewerb nicht über Beihilfen läuft (vgl. dazu Abschnitt 4.2).

19) Solche Substitutionsprozesse sind selbst durch sehr aufwendige Kontrollmechanismen kaum ausschaltbar, weil die Präferenzen der Mitgliedsländer für regionalpolitische Maßnahmen nicht ermittelt werden können.

20) Eine solche Staffelung existiert auch heute schon, denn die Finanzbeiträge der Mitgliedsländer werden als Prozentsatz des nationalen Bruttosozialprodukts festgelegt. Dieser Prozentsatz könnte bei einer Finanzausgleichslösung statt EG-finanzierter Regionalprogramme je nach Pro-Kopf-Einkommen der Mitgliedsländer unterschiedlich hoch festgesetzt werden.

21) Zur ähnlich gelagerten Konsistenzproblematik der Subventionspolitik in der Bundesrepublik vgl. Lammers (1989a, S. 91-110).

22) Über einen zwischenstaatlichen Finanzausgleich wird man insbesondere dann verstärkt nachdenken müssen, wenn durch die angestrebte Währungsunion die Möglichkeit gänzlich wegfällt, unterschiedliche Entwicklungen in der Wettbewerbsfähigkeit zwischen den Mitgliedsstaaten durch Wechselkursänderungen auszugleichen.